António Cruz
"Opreto"

E se as Mulheres Soubessem O Poder Que Têm?

Prefácio

Sei que é estranho um jovem escrever sobre "Mulheres", o que um jovem na casa dos 20 anos pode ensinar a uma mulher?

Que tipo de experiência ele tem para falar sobre mulheres?

E chega aquele momento em que podemos dizer "Nunca se julga um livro pela capa e nem o autor pela idade" hahahahaha.

Decidi escrever sobre mulheres porque sempre quis perceber como era a vida do outro lado "Como é ser mulher "e porque sempre quis entender o motivo dos gritos da minha mãe e porque as mulheres conseguem ser tão especiais até quando não querem.

As mulheres têm o poder de transformar o pouco em muito, transformam espermatozoides em bebés lindos e adoráveis. Transformam uma casa num "lar" e as vezes parece magia, transformam tudo e mais alguma coisa.

Não esperem um livro normal, com 10/20 dicas para alguma coisa ou 10 motivos para alguma coisa, quero mostrar alguns aspetos e ajudar o máximo de mulheres possíveis a descobrir o seu poder. Espero que este livro seja um "amigo" para as horas de dúvidas e angústias.

Sei que é quase impossível mudar a nossa vida do dia para noite, mas eu espero que pelo menos uma das milhares de frases presentes aqui neste livro transformem a tua maneira de ver o mundo e espero que cada mulher consiga descobrir o poder que tem. **"Sem as mulheres, nada disto existiria"**

"Antes de tornar-se Mulher"
(Capítulo) 1

"A mulher antes de ser mulher é menina"

A infância é uma fase de muito aprendizado e experiências únicas, o que acontece na infância viaja connosco por toda a vida. Todos carregamos uns gigabytes de memórias. Como a primeira ida á praia, os primeiros dias de aulas e as reuniões de primos e familiares que nunca mais vimos e que morremos de saudade.

É na infância que começamos a sonhar, e as meninas (mulheres) normalmente libertam um dos seus poderes, "cuidar" querem ser médicas ou professoras com um simples objetivo "ajudar e cuidar sempre, o que é lindo e maravilhoso.

É na infância também que o raciocínio recém formado busca uma interpretação daquilo que observa, sente, escuta. Palavras e Atitudes de terceiros que levamos para sempre e que ditam o nosso futuro.

"O peso das palavras"

Já conversei com muitas mulheres que tinham tudo para serem "bem-sucedidas", "mas não são" por causa de uma palavra que ouviram na infância, como:
- "Nenhum homem gosta de mulheres assim"
- "Você não pode brincar no baloiço, você é gorda"
- "Se você continuar assim ninguém vai gostar de você e você vai morrer sozinha"

-   Se continuares assim o teu marido vai te bater, homem não gosta de mulher assim

Podem até ser as mulheres mais bonitas do mundo, mas ainda assim só conseguem ver uma mulher horrível quando se olham ao espelho, vivem a procura da próxima imperfeição.

Nota: Mulheres bem-sucedidas (não falo de dinheiro nem poder, mas sim de paz de espirito e felicidade)

As palavras parecem eternas. No momento em que elas são pronunciadas em voz alta elas são escritas na mente e no coração de quem ouve, e na maioria das vezes, essa pessoa leva as mesmas palavras para a vida toda. Eu sei que as vezes é difícil controlar, principalmente quando a raiva está no limite e a paciência também, mas será que vale a pena destruir a vida de uma pessoa, ou arruínar o próprio dia, por causa de uma falha dela? "Descarte o rancor"

"A desigualdade"

A desigualdade entre homens e mulheres começa na infância, tal como tudo. A educação de casa reforça a visão de que a mulher, deve cuidar da casa e dos filhos ou "irmãos" enquanto mulheres mais velhas, um exemplo são os presentes que recebem, os meninos recebem bolas de futebol, aviões, carros, laboratórios e etc. Enquanto que as mulheres recebem casas, bonecas e panelas de brincar.

Cresci entre Portugal e Angola e uma realidade que eu sempre notei nos dois países é que as meninas limpam e arrumam a casa enquanto que os meninos (irmãos) ficam no quarto a jogar e a fazer qualquer outra coisa, existem poucas casas que são uma exceção, mas na maioria dos casos é a realidade. Eu ficava um pouco envergonhado sempre que uma das minhas primas levasse o meu prato da mesa, eu conseguia ver na cara dela a insatisfação e sempre me perguntei o motivo, e na maioria das vezes em que eu perguntei para algum adulto eles simplesmente diziam, "**as coisas são assim**". E essa criação toda influência a vida adulta, tal como vemos hoje muitas mulheres que quando pensam em dinheiro pensam num "**homem ou marido**",.

As famílias devem mudar os conceitos e tal como tudo a educação "deve evoluir", "**nem tudo que nos criou serve para criar**".

A criação com igualdade é muito positiva, não só para a menina, mas para o menino também. Pois muitos homens vivem despreparados para a fase adulta por não saberem como fazer o que deveriam ter aprendido a fazer na infância o que acaba por prejudicar a sua vida adulta e a de todos que lhe rodeiam (mulher, filhos e sociedade em geral). É necessário ensinar as meninas que elas também podem liderar e criar coisas novas, o conceito da "mulher que fica em casa" já está ultrapassado hoje as mulheres podem ser tudo o que quiserem, sempre que quiserem, e a melhor altura para aprender é na infância.

É importante mostrar aos filhos que hoje, tanto as mulheres como os homens, dividem responsabilidades, em casa, na escola ou universidade, no trabalho e até mesmo na mudança do país e do mundo.

Atualmente, a tua mente, atua ou mente?

Capítulo 2

"A pressão das pessoas e da sociedade"

"Se amanha as mulheres decidissem usar os seus corpos de maneira natural, quantas empresas continuariam a lucrar o que lucram, ou a ganhar o que ganham?"

As publicidades e o marketing controlam muitas mulheres, as empresas contratam especialistas em "desejos femininos" que sabem exatamente o que uma mulher quer, e sabem como manipular as suas cabeças para que comecem a surgir "necessidades que nunca existiram".

A sociedade tenta tornar as mulheres em seres que não são dignos de alguma coisa, por não usarem ou fazerem o que as outras mulheres fazem ou são.

A sociedade cria o medo em muitas mulheres, medo de serem condenadas, medo de não serem bonitas o suficiente, medo de não vestirem a roupa mais bonita e medos atrás de medos, e é assim que controlam a maioria das mulheres, pois a partir do momento em que o medo se instala começa o processo de "manipulação mental" muitas mulheres acreditam que é impossível viver sem make-up e sem um batom atraente, o que não é bom nem mau, o importante é que as coisas sejam feitas para a tua própria satisfação e não para "receber elogios e admiração, pois quando não recebem elogios e admiração sentem um vazio enorme porque a alma não conseguiu agradar "outras almas".

"A lavagem cerebral"

Muitas mulheres não conseguem ficar paradas e olhar para o espelho, a maioria das mulheres sofreu uma lavagem cerebral, olham para os seus corpos e procuram o próximo defeito, e depois de encontrarem procuram o próximo defeito, e depois procuram o próximo problema.

É muito triste o que acontece com a mente e corpo das mulheres, muitas mulheres foram treinadas para serem perfeitas e para estarem sempre "no ponto" o que não percebem é que quanto mais odeiam o que está no espelho, menos se impoem à sociedade e opinioes ou comentários, vivem a procura de aceitação nas opinioes o que faz com que o reflexo no espelho nunca seja suficiente e bom, falta sempre algo ou existe sempre algo à mais e existe sempre outra mulher "mais bonita".

"Padrão de beleza"

Padrão de beleza é ser feliz, magra ou gorda, loira ou morena, preta ou branca, o que importa é a felicidade, de que adianta ter "o corpo perfeito" ou a "cara perfeita" e não ser feliz?

A sociedade e as pessoas com o decorrer da evolução humana foram criando padrões de beleza para que pudessem vender produtos e padronizar mentes. E conseguiram, milhares de pessoas vivem presas a um "padrão de beleza" imaginário, "do corpo perfeito" da cintura de violão, da cara bonita sem espinhos e sem marcas. E com a criação desse padrão de beleza, aumentaram os numeros de cirurgias plásticas e a venda de cremes e produtos para cara, corpo ou cabelo. Hoje em dia é possivel mexer em qualquer parte do corpo para ficar de qualquer forma, mas será que resulta? Será que é o mais importante?

A beleza está na alma, foge de qualquer padrão imposto, mesmo que todas as mulheres tivessem o "corpo perfeito" ou a "cara perfeita" ainda existiram pessoas insatisfeitas com a sua aparência, pois a busca por mais e mais, nunca acaba porque quem vive para impressionar a sociedade e as outras pessoas acha ou pensa, que todo o seu esforço nunca será suficiente, pois a necessidade de agradar e ter o ego acarinhado é melhor que a verdade de ser quem é.

Tu és linda do jeito que és, quem puder acompanhar e seguir contigo na jornada da vida deve aceitar quem tu és e como tu és, e tu deves aceitar que tu és linda e maravilhosa assim como és, sem alterações desnecessárias que só vão agradar as pessoas de fora(sociedade) e matar a tua alegria e paz interior.

"A caixinha das opiniões"

Muitas mulheres vivem para receber opiniões, sobre as unhas, sobre o cabelo ou até mesmo sobre um livro novo. Muitas delas acreditam que o que as outras pessoas dizem que somos é o que nos define! se alguém diz que ela está feia ela corre para o espelho à procura de 2 ou 4 defeitos, se alguém diz que ela está gorda ela fica triste e começa a pensar em mudar, e aos poucos elas vão vivendo baseadas na "caixinha das opiniões" onde todas as opiniões importam e tudo o que dizem é "relevante".

Hoje em dia com as redes sociais, encontrar uma pessoa que esteja a fazer o que tu estás a fazer neste momento é um momento raro, **estamos mais preocupados com opiniões e problemas**, mas esquecemo-nos do que é realmente importante, o conhecimento do que nós somos enquanto pessoas. Tu tens que te conhecer, só tu sabes quem tu és, os outros até podem saber o que tu gostas de comer, vestir e ouvir, mas só tu conheces o teu verdadeiro ser, os teus verdadeiros gostos e os teus verdadeiros defeitos.

Muitas mulheres vivem e fazem o que fazem para receberem um simples elogio, hoje em dia vem piorando cada vez mais, pois a exposição dos corpos nas redes sociais tem sido uma cura para uma carência interna, mostram o que quase ninguém deveria ver e recebem elogios, elogios esses que são sinceros, mas são feitos apenas para ter algo em troca, que na maior parte dos casos é o corpo (sexo).

"Mulher bonita não sofre"

Uma das maiores mentiras inventadas pela sociedade para vender produtos de beleza e realizar várias operações plásticas. Mulher bonita sofre sim, o sofrimento tal como a morte não escolhe generos ou raças. Quando o sofrimento bate a porta ninugém escapa, a unica solução é abrir a porta encarar o sofrimento e ter força suficiente para superar o desafio.

Mulher bonita sofre, mulher rica sofre, mulher gostosa sofre, mulher bem sucedida sofre, todo mundo sofre, mas é importante dizer que o sofrimento é opcional tu tens a oportunidade de sofrer ou de superar, no final a escolha depende de cada mulher.

"Como lidar com pessoas tóxicas?"

As pessoas tóxicas são profissionais em manipular quase tudo, pessoas, sentimentos e situações. Podem fazer com que tu sejas a culpada por um problema que elas criaram e colocar todas as outras pessoas contra ti.

Um conselho: A melhor coisa a fazer para não ofender as pessoas é nunca falar quando tu estiveres aborrecida ou emotiva demais. É quase impossível filtrar as palavras que saem da nossa boca nesses momentos, talvez seja melhor falar no dia seguinte.

As pessoas tóxicas na maior parte das vezes não sabem que são tóxicas, pois foram habituadas a nunca serem contrariadas e na maioria das vezes pensam que o mundo gira a volta delas o que faz com que elas pensem que tudo deve ser feito como elas querem.

Um conselho: Afasta-te de pessoas tóxicas, não tenhas medo de ficar sozinha ou de ter poucas amizades, acredita que é bem melhor ter poucas amizades do que ter milhares de amizades que só nos prejudicam e atrasam o nosso caminho.

"Mulheres que odeiam mulheres"

Muitas chamam de inveja saudável por serem do mesmo sexo, mas eu não concordo. Muitas mulheres odeiam outras, mas muitas mesmo.Não conseguem ver outras mulheres a "vencer" ou a conquistar alguma coisa antes delas, ficam logo irritadas e começam com os comentários maus para tentar diminuir aquela mulher.

Como homem posso dizer que muitas mulheres conseguem ser muito falsas e más, um exemplo prático é que quando um homem se despede de uma roda de amigos os homens em sua maioria elogiam ou falam bem desse homem, o que não acontece em muitos casos quando falamos de mulheres, muitas mulheres não gostam das amigas que têm, mas fingem porque gostam de alguma coisa que aquela "amiga" oferece.

Se as mulheres forem mais unidas elas serão mais felizes e vão puder brilhar juntas, as diferenças não nos tornam "superiores ou inferiores", apenas diferentes.

"E se não houvessem rótulos, serias mais ou menos mulher?"

Não deixes que a tua vida dependa dos rótulos impostos pela sociedade ou pelas pessoas que te rodeiam, o que é bonito para umas pessoas não é bonito para outras e está tudo bem.

Em um mundo onde todos tentam alterar e rotular comportamentos para se adequarem a determinados meios, permanecer em si mesma é uma verdadeira Beleza e um exemplo de amor próprio.

Uma pessoa que vive preocupada com a opinião de outra pessoa, é uma prisioneira daquela pessoa, pois aquela pessoa têm a capacidade de decidir como será o dia daquela pessoa, ou seja, quem vive dependendo de uma opinião é uma pessoa presa emocionalmente, não consegue decidir sem aquela pessoa, não consegue vestir sem aquela opinião e quando der conta nem consegue comer sem "aquela opinião"

É muito triste ver milhares de mulheres com medo de viver, com medo da sua aparência e do que realmente são por pensarem na "sociedade" e nos comentários.

Capítulo 3

"A amizade é uma necessidade na vida de toda mulher e de todo homem"

Ela começa no colo da mãe, naquele primeiro momento de calor entre a mãe e o filho e depois vai crescendo com os amigos e amigas da escola e vizinhos/as.

É importante saber que amigas/os vêm e vão, os melhores amigos ou as melhores amigas, são separados/as pela distância e por qualquer outra eventualidade, tudo que pode começar também pode acabar, coisas da vida…

"Amizades que atrapalham o teu sucesso e desenvolvimento"

Nem todas as amizades fazem-nos voar, algumas cortam as nossas asas e não deixam ninguém voar, para que a nossa alma e sonhos fiquem presos com elas. Amigos que criticam sem ajudar, que só encontram defeitos e parecem mais "juizes" do que "amigos".

Não é "egoismo" removeres amizades ou qualquer outro tipo de pessoa que não "faz bem" que traz mais dor do que paz. Eliminar pessoas "erradas" da nossa vida é uma forma de autocuidado, pois existem pessoas que só fazem peso e não deixam o barco andar nem o avião levantar voo.

Nem todas as pessoas que nós perdemos são uma "perda", na maioria das vezes só abrem espaço para novas amizades entrarem e mudarem a nossa vida para melhor, acredita.

"O medo de ficar sozinha e a carência"

Muitas mulheres têm medo de ficarem sozinhas e ficam com qualquer pessoa, simplesmente para suprir a "carência" o que é momentâneo, pois a mesma carência voltará a aparecer e é muito provável que a outra pessoa "não seja suficiente".

Hoje em dia eu vejo muitas mulheres carentes sendo manipuladas por não saberem lidar com a carência. E o que acontece é que muitos homens, sabem como fingir e lidar com a carência delas, criando uma posição de mestre e "escrava" em que fazem tanta coisa boa, para prender os sentimentos e alegrias da mulher carente no ser deles. **Enquanto não aprenderes a cuidar da tua própria companhia a carência te destruirá.**

"A amizade verdadeira"

É um presente, não cansa, não chateia nem aborrece parece até a outra metade da nossa alma. Poucas pessoas têm amizades verdadeiras porque atualmente é um pouco difícil encontrar amizades verdadeiras, então muita gente vai se remediando com o que aparece. Isto acontece porque são poucas as pessoas atualmente que querem e gostam de ver a felicidade dos outros, é tão bom contar uma notícia e ver o olho da outra pessoa brilhar, mesmo que a notícia seja sobre ti e não sobre ela.

E fora das festas e farras, eles são teus amigos?

Sobre as pessoas:

"Homens são diferentes de meninos e Mulheres são diferentes de meninas"

As pessoas são pessoas, não são anjos, não são os nossos sonhos transformados em realidade, são pessoas. E como pessoas elas falham, têm defeitos e muitas vezes não atendem às nossas expectativas e desejos, quem espera diferente deve lembrar que pessoas **"são pessoas"**.

Muitas vezes as pessoas fingem que nós somos culpados ou culpadas, ou que somos más pessoas simplesmente para que elas não se sintam culpadas pelas coisas que fizeram, e assim vão fazendo e fazendo "mal".

A verdade é que tu nunca serás boa o suficiente para a pessoa errada, mas para a "pessoa certa" até o teu pior é bom o suficiente, escolhe com calma e com cautela quem te rodeia ou quem tu pretendes amar.

Um conselho, não deixes que as pessoas te tratem como querem, ou faltem respeito, simplesmente porque tens um bom coração ou és uma boa pessoa.

"As ações sempre vão mostrar que as palavras não são nada"

As palavras mentem, os sinais não.

Existem que são ótimas com as palavras, têm o dom de prometer milhões e milhões, mas o problema é que as suas ações nunca condizem com as palavras. Diz que ama, mas não cuida nem protege, diz que é especial sem lembrar e salientar o **"especial"**.

Para dizer que, as palavras são ótimas, mas palavras não constroem portas nem castelos.

"Quem fala mal dos outros contigo, fala mal de ti com os outros"

Uma dura verdade que eu tive que aprender com a vida e com as suas quedas, conheci pessoas que falavam muito comigo sobre outras pessoas, e eu ficava um pouco admirado quando descobria que as outras pessoas sabiam quase "metade da minha vida".

Um hábito que muitas mulheres têm a fofoca, o que não é bom nem mau, tudo depende do caracter das "fofoqueiras", kkk. É necessário saber com quem fofocar e até mesmo desabafar, porque nem todas pessoas que convivem contigo, "convivem apenas contigo"

"Pessoas pessimistas"

Normalmente quando as coisas dão errado para um pessimista, ela começa a enumerar os seus defeitos e a dizer que a culpa é dela, ainda que o erro não tenha sido seu, diferente de uma pessoa otimista que ao contrário, reage com calma, analisa a situação e automaticamente procura uma solução para o problema.

Quando aparece alguma dificuldade a pessoa pessimista automaticamente pensa que qualquer coisa não funcionará, que a prova não irá correr bem, que não irá passar naquela entrevista de emprego, está sempre a pensar no próximo erro e na própria desgraça.

"Boas e más pessoas"

Uma boa pessoa, não é uma pessoa que faz tudo o que as outras pessoas querem, mas sim uma pessoa que faz o necessário para si e para as outras pessoas.

O mundo não é justo, a vida não é justa e nunca será, é a realidade temos é que aceitar e contornar as pessoas "erradas" no nosso caminho, não esperes que o mundo seja justo e simpático contigo, só porque tu és uma boa pessoa, não te enganes é a mesma coisa que esperar que um leão não te coma, porque tu não comeste o leão.

A forma como uma pessoa te trata é mais importante do que todo o teu amor por ela, muitas pessoas sofrem por amar as pessoas erradas. Existem pessoas que fazem-nos pensar que amar é errado, mas na realidade amar as pessoas erradas é a fonte de todo o problema. Muitas pessoas utilizam esse tipo de manipulação, como sabem que as pessoas gostam delas, utilizam esse amor para fazerem o que quiserem com essas pessoas e não se importam de magoar vezes e vezes sem conta, porque sabem que no fundo aquela pessoa continuará a gostar dela.

A maior parte das pessoas estão habituadas a ouvir mentiras, e dizer a verdade pode fazer com tu pareças muito arrogante ou "com o nariz empinado".

Não deixes que as pessoas pensem que tu não podes viver sem elas, lembra-te que houve uma altura em que tu não as conhecias e vivias muito bem.

Gastar energia com o desnecessário é um erro muito grave, nem tudo pode causar uma grande irritação ou ser um grande problema, até o que deve "chatear" deve ser selecionado, **quem sabe como irritar a tua pessoa, controla a tua pessoa.**

A verdade é que nem todas as pessoas são leais a ti, a maioria é leal a necessidade que têm e quando a necessidade acaba ou o "plano" que a pessoa tinha acaba, a lealdade dela acaba.

"Como mudar as pessoas"

Primeiro, é importante salientar que ninguém muda quem não quer mudar, nós podemos girar o mundo todo a intenção de ajudar alguém, mesmo assim o mundo não será suficiente, porque a pessoa não vê necessidade de mudar.

Só é possível mudar uma pessoa se ela quiser mudar, caso contrário podemos ficar anos e anos a falar a mesma coisa para a mesma pessoa e ela não vai mudar, simplesmente porque ela não vê sentido na mudança, pois **o que para nós pode ser um 9 para a outra pessoa pode ser um 6**.

Sobre o amor:

"Amor não é dizer "eu te amo", amor é ação, é todo e qualquer esforço que uma pessoa faz por ti"

"O amor é real, as pessoas é que não"

Existem pessoas que não valorizam o amor e nem amam no verdadeiro sentido da palavra, muitas pessoas são peritas em fingir sentimentos e partir corações, estão connosco pelo nosso corpo, dinheiro ou qualquer outra coisa que elas precisam. São capazes de fazer juras de amor e até levar o nosso coração para o céu, só para depois deixar cair.

Mas isso não quer dizer que o amor é uma coisa má ou que amar seja errado.

Mas é importante abrir o coração e não fechar os olhos, pois na expectativa de tudo "parecer" estar bem, pode estar tudo errado, daí a importância de abrir o coração, mas não fechar os olhos, pois amamos com o coração, mas observamos as atitudes.

"O mundo é muito grande para ficar por aí a mendigar amor de pessoas que não valem nada"

Vejo mulheres que têm um brilho e uma luz única, mas apagam a sua própria luz por serem carentes e dependerem de outras pessoas para serem felizes, toda pessoa que depende de migalhas nunca vai conseguir comer o pão inteiro e não saberá o seu valor.

Existem muitas pessoas manipuladoras que sabem da dependência das outras pessoas e usam isso a seu favor sem pensar na outra pessoa e como vai ficar essa pessoa.

É um círculo vicioso para muitas mulheres, eu sei, mas nada melhor do que uma dose de amor próprio e valorização não pode resolver, o **amor próprio** e a **valorização** são a chave para uma vida nova sem dependências e dores.

Não romantizem o desgaste para conquistar ou para manter alguém nas nossas vidas, não tem nada romântico em viver de humilhação atrás de humilhação, não há nada romântico em perder a saúde mental para manter alguém ou para conquistar alguém.

"Não aceites o mínimo pensando que é o máximo"

Por falta de amor próprio e carência, muitas mulheres aceitam o mínimo dos homens e da sociedade, pensando que é o máximo porque nunca receberam melhor do que aquilo que recebem e criam um hábito, meio que a mente fica preparada e focada para o mínimo, e o máximo parece "ilusão" e "mentira".

"Um bom amor transmite leveza e não turbulência"

Como todo e qualquer voo, vão existir sempre momentos de turbulência ou fases menos boas, nós os integrantes do relacionamento é que devemos saber lidar com as turbulências e dar a volta á situação.

É importante lembrar que o amor não é a única coisa que sustenta a relação, até as discussões e estresses constantes servem para analisarmos se realmente amamos alguém ou se é apenas ilusão.

Sobre o Namoro e relacionamentos:

"O namoro não é sobre rostos bonitos ou corpos atraentes e incríveis, o namoro vai para além do visual, é compromisso, é sobre dar sem esperar receber, é sobre encontrar ou ter alguém que nos fortalece quando o mundo parece desabar e ter um verdadeiro suporte para todas as horas e todos momentos.

"O namoro não tira liberdade, mas exige postura, respeito e muita paciência"

O namoro na minha opinião **não deve tirar a liberdade ou prender ninguém**, o namoro serve para acrescentar e não retirar. Um novo relacionamento não deve remover amizades antigas, uma mulher não deve parar de falar com os seus amigos porque começou a namorar. Muitos relacionamentos acabam pela falta de liberdade, parecem prisões emocionais, muitas pessoas têm tanto medo de perder os parceiros que acabam colocando os parceiros numa gaiola, não pode sair com outros homens ou mulheres, não pode ter

22

amigos ou não pode ter amigas, e depois tudo que estava escondido no tapete começa a ser revelado, aí começam as agressões psicológicas e físicas e começa também a morte de um relacionamento.

Pense muito bem antes de trocar uma amizade por um namoro, lembra-te de que **sem o teu namorado tu és solteira, sem amigos tu "és sozinha"**

Atualmente no mundo em que vivemos e na geração em que vivemos, em que os valores (dinheiro e bens materiais) são mais atraentes que o valor. Existem algumas mulheres que olham para os homens como um supermercado, **vai dar o quê? Vai comprar o quê?**

"O namoro é uma amostra grátis do casamento, as pessoas não mudam depois do casamento"

Muitas pessoas ainda vivem num mundo de fantasia, são aquelas pessoas que só aprendem com as consequências, e com o "depois". O namoro é uma amostra de como será o casamento, "o **casamento** é apenas uma cerimónia ou uma festa" não tem um poder divino de transformar todas as pessoas em seres divinos ou especiais, pode acontecer, mas raramente acontece.

"É importante namorar uma pessoa que nos respeita apesar das discussões ou qualquer outra chatice"

É muito necessário o respeito em todo e qualquer assunto, o namoro é como a vida, não é linear acontecem coisas que ninguém espera, mas é importante saber reagir ao que acontece. Uma pessoa que não respeita a outra pode ser perigosa.

"Namorar é para dar hype, elogiar, deixar a parceira ou o parceiro com a autoestima no céu, tudo que não for isso é armadilha"

Relacionamento é para viajar, sair para comer e compartilhar ou dividir experiências, se fosse para ter problemas eu passava o dia todo a dobrar lençóis com elástico, kkk.

É notável quem realmente gosta de ti, até nas mínimas atitudes a pessoa vai demonstrar que é a certa, o que acontece com muitas mulheres é que por não terem superado alguns traumas, ainda vivem para alimentar esses mesmos traumas ficam com pessoas "iguais" às pessoas que causaram o mesmo trauma e criam uma ratoeira para as próprias vidas e relacionamentos.

Mas é importante dizer que, na maior parte das vezes o relacionamento saudável que muitas mulheres procuram é com elas mesmas, tu não serás feliz com alguém se não estiveres feliz sozinha, claro que existem exceções, mas na maioria das vezes é a verdade.

É importante comunicar mesmo que seja desconfortável, relacionamentos "duradouros e felizes" precisam de pessoas maduras, pessoas que consigam dar 100, quando o outro lado só consegue dar 10, e não falo de dinheiro, falo de suporte para tudo e mais alguma coisa. Os relacionamentos são como voos, são calmos e felizes em algumas partes, mas depois vêm aquelas turbulências apenas para testar a firmeza e segurança do relacionamento.

"O poder do Diálogo"

Relacionamentos saudáveis **exigem um esforço de ambas as partes**, ninguém deve "dar mais nem menos" o esforço para continuar e crescer deve ser de ambas as partes.

O diálogo evita muitos conflitos entre o casal, só com a conversa é que é possível transmitir uma informação para o outro lado (metade da laranja), como uma falha ou um erro, um problema ou até mesmo falar sobre os medos de cada um por exemplo. Parece simples, mas requer muita paciência e autoconhecimento, para saber como conversar e expressar sentimentos e emoções, requer também muita maturidade para ouvir o outro lado (metade da laranja), mesmo que o outro lado não tenha razão.

Pessoas que não sabem como conversar ou não gostam de conversar, travam o crescimento da relação e do outro lado (metade da laranja).

Só o diálogo pode evitar e resolver qualquer tipo de obstáculo que apareça no teu caminho e da tua metade da laranja.

Mas **uma informação importante**, tu podes até dialogar ou falar e falar com uma pessoa e nada mudar, até porque ninguém muda uma pessoa que não quer mudar, as pessoas na verdade só mudam se quiserem.

"O jogo da Relação"

Existem relacionamentos em que um dos parceiros quer dizer o seguinte, mas não consegue:

- **"Eu te amo tanto, mas estou cansado de sentir que estamos a competir para ver quem se importa menos ou quem consegue ignorar mais o outro."**

Atualmente, as mulheres e os homens jogam o "jogo da relação" quem ganha esse jogo é a pessoa que demonstra mais desinteresse, é como se fosse uma competição dentro do relacionamento em que ganha a pessoa que se interessar menos, a pessoa que não atende o telemóvel, que demora para responder e que está quase sempre ocupada. Mas não percebem que matam o namoro e abrem a porta para traições e faltas de respeito dentro do relacionamento.

Não é normal não sentir paz dentro de um relacionamento, se for para não sentir paz é melhor seguir a carreira a solo, não adianta sofrer por ninguém nem mesmo pelos nossos pensamentos ou ações.

"Mulheres devem comprar os seus próprios preservativos"

Para evitar truques e falcatruas por parte dos parceiros, eu recomendo que as mulheres tenham consciência de que quem vê cara não vê doenças e nem coração. Ninguém sabe por onde ninguém anda e mais vale prevenir do que remediar, quem controla o presente controla o futuro, é tudo uma questão de escolhas.

"Pessoas magoadas"

Pessoas frágeis partem e depois cortam!

Atualmente é muito difícil ter algo sério com alguém, porque as pessoas têm medo de saírem magoas e nem têm coragem para começar por medo do relacionamento acabar como um relacionamento passado que não deu certo.

A maioria das pessoas pensa que o difícil é lutar para conquistar algo ou alguém, mas pela minha experiência de vida e depois de tudo que já aconteceu e que eu vi acontecer eu pude notar que é mais difícil manter esse "algo ou alguém" do nosso lado para sempre. Dar o sim e começar um relacionamento é muito fácil, o difícil é aguentar tudo e suportar tudo como um "verdadeiro relacionamento"

Antes de me envolver com alguém pergunto e analiso sempre se ela não tem ninguém para superar, pois se uma pessoa ainda vive com outra pessoa na cabeça, ela pode não estar a 100% para mim e para o relacionamento, imagina o que é estar com uma pessoa que fala contigo, mas chama e pensa em outro nome ou em outra pessoa.

É necessário resolvermos os nossos problemas passados, para não atrapalharmos o presente e o futuro.

"Os defeitos do outro lado"

É importante deixar claro que os defeitos também vêm no pacote do relacionamento, apesar do nosso ego e de nós enquanto pessoas focarmos no melhor, existe o pior. Existem coisas que por mais que tu tentes é impossível mudar no teu parceiro, e não há problema nenhum, tu também tens defeitos e ele também vai ter de aguentar, se nunca tiveres preparada para lidar com os defeitos do teu parceiro, podes ficar muito tempo "sozinha".

O reflexo no espelho, apesar de estar ao contrário não deixa de ser teu, mesmo que pareça estar ao contrário, ser oposto um do outro não significa que vocês são "diferentes".

A perfeição é uma ilusão, um relacionamento nunca será perfeito e uma pessoa nunca será perfeita o suficiente, existirá sempre uma nova ideia de "perfeição", e apesar de não falarem "sobre", os homens também têm muitos problemas dentro de si, só que foram ensinados a lidar com tudo sozinhos e a não "demonstrar fragilidade".

"Ensinar o homem a ser Homem"

As mulheres até podem e ajudam bastante, mas independentemente de qualquer esforço, só uns homens conseguem deixar de ser meninos, mas o que acontece é que muitas mulheres pensam que têm a responsabilidade de "aguentar tudo" e ensinar um menino a ser homem ao mesmo tempo, o que desgasta as mulheres emocionalmente, porque a maioria sente que nenhum esforço é suficiente, mas continua a tentar fazer o papel de "mãe"

Sobre o Sexo:

"Elimina o sexo para ver se sobra alguma coisa..."

Existem muitos relacionamentos que sobrevivem à base de sexo. Não existem outros momentos a dois sem sexo, e quando o sexo acaba, o "sentimento" também segue o mesmo caminho.

Existem também aqueles relacionamentos em que as pessoas só estão juntas pelo sexo, o que não é bom nem mau, o que acontece é que na maioria dos casos um dos lados começa a nutrir sentimentos e nem sempre o outro lado está disposto a assumir a "grande" responsabilidade que é um relacionamento.

Quando o sexo não é suficiente para um homem, muitas mulheres ficam perdidas. Muitas mulheres caíram na armadilha da sociedade, perdem mais tempo a embelezar o corpo e a cara e esquecem de trabalhar o interior, são mulheres muito bonitas, lindas de morrer, mas infelizmente não conseguem oferecer nada para além de uma noite de sexo. Existem mulheres que só são bonitas.

A verdade é que quem se habitua a homens fáceis, não sabe o que fazer com homens de verdade com vontades próprias, intelectuais e morais.

"O sexo não é um trofeu"

Muitas mulheres pensam que aceitar um homem ou ter sexo com ele é um "trofeu" que ele deve merecer, e eu percebo. A realidade é que o sexo foi ensinado para muitas mulheres como um momento de submissão, em que elas entregam o seu corpo para alguém, mas na realidade o sexo não deve apenas agradar uma pessoa ou um dos lados, o sexo deve ser bom e prazeroso para as duas pessoas, não para um dos lados, pois assim parece muito "forçado" e pouco "natural".

A realidade é que no sexo, o prazer deve ser mútuo, sexo é para os dois não para um dos lados apenas. Não existe um sentimento melhor que nos sentirmos seguros com a energia (vibe) da pessoa, é um nível diferente de intimidade, e não falo sobre sexo, mas sim de sentir o verdadeiro prazer da presença da outra pessoa, muita das vezes sem sexo, apenas num abraço, num toque ou até mesmo numa conversa.

"Quem toca no teu corpo"

A pessoa que tem o privilégio de tocar no teu corpo deve ter como prioridade máxima te satisfazer e explorar ao máximo o teu corpo, não tenhas medo de dizer quando não está e quando está bom.

Essa pessoa deve saber que estar contigo é uma "oportunidade" e que deve merecer, apesar do sexo não ser um trofeu, nem todo mundo tocar no teu corpo, o teu corpo é o teu templo, e nem todas as energias podem ser boas para ti, sexo não é só sexo, transmitimos energias e vibrações, o mais certo deve ser feito com a pessoa "mais certa"

O sexo casual é como uma "doença" para muitas mulheres pois cria a ilusão de que aquela pessoa ficará para sempre com ela ou que sempre vai fazer sexo com ela, o que cria milhões de sentimentos que são destruídos quando a outra pessoa vai embora e faz parecer uma brincadeira o que outrora pareceu" eterno".

"Dores, problemas e soluções"

Capítulo 4

Como curar as feridas?

A mágoa "magoa" mais a ti do que a outras pessoas, quando tu guardas as coisas más dentro de ti, elas acompanham para onde quer que tu vás, como uma máscara em tempos de covid, kkkk. Por que carregar esse peso todo?

Quantas vezes, na tentativa de nos protegermos, acabamos por fazer a mesma coisa errada que as outras pessoas?

Acho que todo mundo já ouviu ou leu, que "a distância cura feridas? Mas será que a distância cura a ferida ou ajuda a esquecer? as memórias não desaparecem assim, só pelo facto de tu te distanciares de quem te feriu que a ferida será "curada". As feridas só podem ser curadas quando a pessoa "ferida" decide se curar, sofrer é opcional, tal como a felicidade e o processo de cura.

Uma pessoa pode escolher sofrer ou pode escolher a cura!

Carregar maus sentimentos contra outra pessoa, corrói a nossa própria pessoa. **A carga mais pesada que nós carregamos são os nossos pensamentos.**

Não lutes contra as lágrimas, chora quando quiseres e quando achares necessário, pois elas podem tornar-se em muros de pedras dentro de ti.

"Quem não se cura sangra em pessoas que não têm nada a ver com a ferida"

"Criação do próprio sofrimento"

Muitas mulheres "gostam de sofrer", sim gostam e até mesmo as mulheres sabem disso. Algumas mulheres preferem não ficar com homens que elas sabem que vão tratar bem delas e dar o devido tratamento que elas merecem, preferem os mesmos homens que as fazem sofrer e sofrer vezes sem conta, simplesmente para alimentar um trauma não curado.

Sobre as traições:

A traição não tem a ver com a mulher que o homem tem, ela pode ser bonita, gostosa, inteligente e uma deusa na cama, ela pode ser traída. A traição tem a ver com o homem ou com a pessoa que traiu, já vi muitas mulheres com corpos lindos e maravilhosos que foram traídas e a "concorrente" nem tinha "metade do que elas tinham" e nem metade do que elas eram.

A traição é uma escolha! A pessoa pode estar drogada, bêbada, carente ou até mesmo com uma outra pessoa "irresistível" se ela ama, ela não trai. É como dizem, a carne só é fraca quando o caráter não é forte.

A verdade é que só perde quem trai, a pessoa traída fica livre de um peso futuro, mas a sociedade está programada para rir ou denegrir a imagem da pessoa fiel. Hoje em dia parece que tudo está ao contrário, a pessoa fiel é gozada e vira motivo de piada, mas a pessoa que traiu sai ilesa da situação como se tivesse feito a coisa mais certa, e assim a sociedade vai normalizando as traições, eu sinceramente penso muito na seguinte frase:

"Quem não está feliz acaba, não trai"

Nenhum homem daria a uma mulher, tantas oportunidades, quanto uma mulher dá a um homem, podemos discutir e debater até a próxima década, mas todos sabemos que é verdade, com o seu jeito doce e suave muitas mulheres fazem um esforço para perdoar e seguir em frente com o relacionamento.

As pessoas traem sem pensar na dor e no sofrimento que causam a outra pessoa que confiou nelas e que na maioria das vezes teve motivos para trair, mas não traiu porque preferiu ser fiel e respeitar a outra pessoa. Na maioria das vezes a dor não passa e muitas mulheres já não conseguem confiar em ninguém e **desconfiam de tudo e de todos.**

Sobre os dias maus:

Existem dias em que o mundo, o sol, a lua e o inferno nos caem em cima de uma só vez, e tudo parece cair por terra, não temos motivação para fazer nada a não ser chorar e aceitar a tristeza, mas será que essa é a verdadeira solução?

É importante lembrar que nós não podemos controlar o que acontece, mas podemos e devemos controlar a nossa resposta ao que acontece, não adianta culpar a parede por ser uma parede e nem culpar a água por ser água.

Sobre o perdão:

Perdoar é necessário não pelas outras pessoas, mas para a nossa própria satisfação e limpeza interior. O perdão fala mais sobre nós e menos sobre os outros, é preciso amadurecer e perdoar quem nos fez e faz mal, mas perdoar não é a mesma coisa que esquecer, eu entendo que alguém fez o que fez porque achou que tinha que fazer, mas não esqueço o que foi feito, pois ficará para sempre como uma lição.

"O casamento e os filhos"

Capítulo 5

"Mulher não é empregada, marido não é banco!"

Em primeiro lugar eu gostaria de deixar aqui que deve trabalho doméstico é para ser compartilhado entre os membros da família, não é uma função especifica do sexo feminino. É necessário que as mulheres esclareçam aos homens que um casamento duradouro exige esforço dos dois lados, o que é um pouco difícil pois muitos homens pensam que mulher é empregada e que ele pode sujar e sujar e sujar que a mulher "deve" limpar por ser mulher. Não existe pessoa melhor para ensinar uma coisa ao seu marido do que a sua mulher, e pelo que conheço e muito que vivi, os homens são duros, mas a voz da sua mulher é capaz de amolecer, consolar e corrigir.

Experimentem, os homens ouvem, parecem não perceber as coisas, mas existem situações em que só a nossa mulher nos pode ajudar, aconselhar e melhorar.

"O teu marido não é um banco ou um porquinho mealheiro"

É importante deixar aqui também que os homens não são bancos, muitos relacionamentos acabam em traições e desentendimentos porque os homens perdem o interesse na mulher que têm em casa e começam a procurar fora. Não que seja mau, um homem dar ou oferecer dinheiro à sua mulher, mas é bem melhor quando é de coração e não por parecer obrigação.

Sendo homem posso contar aqui um segredo, o que mais atrai um homem de verdade é uma mulher que conquista o que é seu sem depender de um homem, pois ela é diferente da maioria, tem aquele brilho, aquela garra só dela e mesmo que as portas não abram ela dá um jeito.

"Casamento é parceria"

Muitas pessoas não admitem, mas um relacionamento pode elevar a nossa vida, com um bom parceiro qualquer mulher vai ficar mais feliz, mais poderosa e mais saudável e vice-versa. Tudo que um ou outro poderia fazer sozinho ou sozinha, pode agora fazer com uma outra pessoa, com a outra metade da laranja, por exemplo podem ser dois salários, dois sistemas de suporte (é muito bom falhar e ter alguém para aguentar a dor), duas oportunidades para viver e aprender.

Na realidade o **casamento é um investimento como qualquer outro relacionamento.**

É como dizem ao lado de um grande homem há sempre uma grande mulher, eu penso que ter a pessoa certa do teu lado, pode elevar e evoluir a tua vida para níveis que nem tu imaginaste, parece cena de filme, mas a pessoa certa faz tudo parecer um filme ou uma série da Netflix.

"O casamento é difícil e o divorcio também"

Quando as pessoas falam sobre relacionamento, falam muito sobre ter algo sério, mas não é sobre algo sério, mas sim algo saudável. É necessário separar a seriedade do saudável, quantos relacionamentos são "sérios" para os outros, mas o marido não fala com a mulher, a mulher e o marido estão sempre em choques em casa, mas para a sociedade aparentam estar bem e bastante felizes, as pessoas só percebem que acontecem aquelas coisas quando as agressões começam e o pior acontece.

Querida mulher, não importa quantos anos tens, não existe um tempo certo para deixar algum lugar ou pessoa que não faz bem, tu não serás menos ou mais mulher por pedires um divórcio, mas serás mais feliz descobrindo muito do poder que há em ti. Existem homens, e sendo homem sei bem do que falo, que as vezes são indiferentes para a vida de uma mulher, "sugam" mais do que "alimentam". Nunca será tarde para encontrar um novo amor, existem milhões de pessoas que procuram uma pessoa como tu, e tu por aí a sofrer com alguém que não merece nem 30% do que tu és, tens esse direito, aproveita a beleza que é a vida de solteira até encontrares uma nova pessoa que te faça sentir mais viva e feliz do que tu já te sentes enquanto "solteira" .

Hoje em dia os divórcios acontecem por vários motivos, os mais frequentes são:

A intromissão dos pais no relacionamento:

Quando os pais se intrometem na vida íntima dos filhos ou das filhas, as coisas quase nunca acabam bem, pois a vida íntima diz respeito apenas ao casal. O que pode mostrar falta de confidencialidade por parte do outro lado, pois não é suposto os pais saberem de tudo o que acontece dentro de 4 paredes quando os filhos ou as filhas já sabem "cuidar de si".

A ajuda dos pais é importante e muito necessária na maioria das vezes, devido á experiência de vida e todo o aprendizado que carregam, mas os limites são importantes e necessários, sobre o casamento os pais devem saber apenas o necessário e não "tudo".

Infidelidade: A infidelidade deve ser uma das maiores causas das separações da destruição de milhões de lares e famílias, existem pessoas que conseguem perdoar as traições do outro lado e continuam a viver assim por muitos anos, como se nada tivesse acontecido, o que não acontece na maioria dos casos, pois são poucas as pessoas no mundo que perdoam uma traição, a maioria das pessoas acaba o relacionamento na hora, sem pensar em mais nada o que não é certo nem é errado, é a sua própria decisão.

Em outros casos, a infidelidade gera mais infidelidade, porque quem garante que o outro lado vai continuar a perdoar, sem dar o troco?

Abuso físico ou psicológico: os abusos são uns dos principais motivos, mas é triste saber que muitas mulheres principalmente, ainda vivem em relacionamentos abusivos, que não lhes fazem florescer e brilhar. Na maior parte das vezes a única solução é deixar a pessoa e o ambiente, pois pode ser perigoso para a saúde mental da pessoa (abusada) e das pessoas que convivem com ela, como os filhos e familiares mais próximos.

"Sobre a violência doméstica"

Quem te bate não te ama, não te respeita, e espero que graves uma coisinha na tua linda memória **"A CULPA NÃO É TUA**, tu não mereces isso, um homem que bate uma vez, bate sempre.

A melhor solução é sair e denunciar, sim denunciar, porque não adianta apenas deixar o agressor viver assim, pois ele pode magoar outras mulheres durante o seu caminho, a tua denuncia é importante e o mais importante ainda é a tua saída desse ambiente tóxico.

"Comigo não aconteceria" "Eu não aceito"

Muitas pessoas pensam que todos os agressores são iguais, mas nem todos agem da mesma maneira, muitos parecem ser os mais românticos do mundo, mas quando não têm as suas vontades realizadas partem para agressão, e muita gente pensa que na sua vez seria diferente, mas quando acontece, elas nem sabem o que fazer e acabam por agir da mesma maneira.

A violência doméstica é crime e acontece de diferentes formas, pode ser verbal, psicológica e física. Se és uma vítima ou conheces alguém que seja, deves entrar em contacto com as autoridades locais, através dos seguintes números de telefone:

Angola: 111

Brasil: 190
Cabo Verde: 197
Guiné-Bissau: 00245 – 117 / 121, 00245-3215616 /
3215305 ;
Moçambique: 112, 119
Portugal; 112
São Tomé e Príncipe: +239 222 2222

Sobre os filhos:

O parto é uma das situações mais perigosas e subestimadas do mundo. Milhares de mulheres morrem diariamente ao dar à luz, é uma situação de dor e um momento "único" tanto para a mãe quanto para o bebé, nenhuma mulher deveria perder a vida ao trazer uma vida para o mundo, mas infelizmente são coisas que ninguém escolhe e ninguém deseja passar.

"Depressão pós-parto"

Existem alguns fatores de risco que podem aumentar a chance de uma mulher entrar em uma depressão pós parto, uns dos principais motivos são uma depressão já existente antes do momento da gravidez e do parto, a falta de apoio da família e amigos e principalmente a falta de apoio do marido que é um dos piores casos, pois muitas mulheres não se curam dessa depressão e passam em "ações" para os filhos enquanto os mesmos crescem, sem perceber agem mal com os filhos, tudo porque a imagem do filho "lembra a mãe da falta de apoio do pai"

Engravidar é um dos momentos mais esperados na vida de muitas mulheres, e existem muitas dúvidas sobre qual é o melhor momento para realizar este sonho de menina? Será que existe uma hora, uma idade ou momento específico?

Muitas mulheres desejam ter filhos, mas poucas pensam no momento certo. A preocupação e a pressão são tão grandes que elas nem analisam as condições e circunstâncias em que os mesmos filhos nascerão.

Podem até parecer, de tão fofos que são, mas filhos não são brinquedos.

Muitas mulheres têm muitos problemas, simplesmente porque decidiram ter filhos no momento errado, e que depois acabam por estragar o casamento e até o futuro dos próprios filhos. A verdade é que ter um bebé não é tão fácil quanto parece, eu penso que uma pessoa só "deve" ter filhos quando estiver preparada para deixar o egoísmo de lado, **os filhos são nossos, mas não serão nossos para sempre**. Eles são como pássaros e um dia vão partir rumo aos seus próprios sonhos e objetivos.

"O momento errado para ter filhos"

"Um filho não é um castigo, não é um erro, não é um problema, não é um incomodo, é uma grande bênção.

Eu penso que uma pessoa não deve ter filhos quando existem muitos problemas financeiros, pois uma pessoa com problemas financeiros pode não ter o tempo suficiente para educar e participar na educação do seu filho. Uma pessoa que precisa de dinheiro, passará maior parte do tempo à procura de dinheiro, e aonde fica a criança? Com quem ficará a criança? a deriva... Pode até ficar com uma pessoa de confiança, mas os filhos precisam de atenção dos pais, um filho que precisa de chamar atenção dos pais, fará coisas que os pais não imaginam, simplesmente para ter a sua atenção, já vi casos de crianças que começaram a roubar e a ter problemas com a polícia, simplesmente porque sabiam que alguém iria ligar para os pais e eles seriam obrigados a sair do trabalho para ir "resolver" a situação deles. E porque parecendo que não os filhos são bons, mas dão várias despesas, como fraldas, roupas, comida e aqueles extras que todo mundo sabe, kkkk.

Um outro momento é quando a mulher não se sente bem com ela mesma, se uma pessoa não se sente bem com ela mesma, isso pode afetar o filho, o que no futuro pode voltar a trazer o mesmo sentimento de dor para a mãe. Penso que as pessoas devem estar curadas e resolvidas com elas mesmas, para que as outras pessoas não paguem uma fatura que não é sua, pois os filhos são muito bonitos, mas trazem muitos desafios é preciso ser forte e "estar bem" para enfrentar o desafio que é criar um filho, ainda mais nos tempos de hoje em que as crianças são educadas pela internet e por qualquer "educador digital".

Mais um momento é depois do casamento, **mas como assim depois do casamento**?

Porque eu penso que depois do casamento, o foco deve ser o casal, devem ter tempo suficiente para desfrutarem um do outro, e ter um filho no momento em que se sentirem que preparados, pois filhos não devem ser feitos "na emoção" ou quando a vontade está a flor da pele, o momento deve ser o certo para os dois e não só para um dos lados.

A decisão de ter um filho deve ser dos dois, porque depois do casamento as decisões deixam de ser individuais e passam a ser coletivas, a decisão e escolha dos dois importa, e é importante "amar" a nossa metade da laranja ao ponto de suportarmos os momentos de decisão e de falta de concordância, discordar não significa "odiar", **o mundo tem uma "forma" diferente para todos, o que parece um 6 pode ser um 9 para uma pessoa que está na China ou na Rússia.**

"Seja uma mulher sábia e resolva os conflitos do lar (casa) antes de trazer uma criança para um lar (casa) cheio de problemas, ninguém merece crescer revoltada/o"

- **Mária Carolina (Minha avó)**

"O processo de cura da mãe para evitar o processo de cura dos filhos"

É muito importante que antes de pensar em ter um filho, a mãe cure os seus medos e os seus traumas, para que os filhos não tenham que se curar por terem tido a "oportunidade" de tê-la como mãe.

Muitos adultos (homens e mulheres), têm problemas hoje porque tiveram pais problemáticos, pais com um pequeno desvio na sua personalidade e que pouco a pouco foram instalando esse vírus nos filhos, o que pode parar por aí ou fazer o que normalmente acontece que é passar problemas de gerações para gerações, criando um hábito, hábito esse que vai magoando e destruindo seres brilhantes, **isto tudo porque uma pessoa não conseguiu curar os seus próprios medos e traumas.**

"O manual de instruções"

Era bom que cada filho nascesse com um manual de instruções, kkkk. Mas infelizmente ainda não existe um manual, o Youtube e outras redes sociais até ajudam, mas será que é suficiente?

Os nossos filhos precisam da nossa responsabilidade e aceitação, a maior parte dos filhos só precisa de um tempinho com a mãe para parar com as birras e confusões "desnecessárias", o que acontece muito é que hoje os filhos veem mais a capa do telemóvel do que o nariz da mãe e do pai.

"A diferença entre o medo e o respeito"

Muitas mães, especialmente em (Angola) África criam os filhos de uma maneira agressiva, criam os filhos com medo e não com respeito, e na primeira oportunidade que os filhos têm eles vão embora e abandonam a casa da mãe sem olhar para trás.

"O sonho que eu não consegui realizar"

Realizar sonhos através dos filhos é uma das maiores causas de depressão e suicídio dos últimos tempos, as pessoas vivem presas e angustiadas em universidades e escritórios porque "precisam de orgulhar os pais" o que no final de tudo não é mau, mas será que os pais não podem sentir orgulho de um filho que vive fora do que é "ideal ou certo" para os pais?

"O que os meninos devem aprender"

Imagina que tu és uma mãe, será que és a mulher que gostarias de ver o teu filho a namorar ou a casar?

Os meninos devem aprender com exemplos vivos que as mulheres merecem amor, merecem carinho, atenção, dedicação, segurança, confiança e respeito. Precisam de aprender com as mães o valor que as mulheres têm, para que não passe a vida toda à procura de uma "mulher" enquanto ficam com várias.

Rapazes que tratam bem as mães têm mais probabilidades de serem bons maridos e de tratarem bem as suas esposas e filhas, a mãe é o primeiro amor de um menino, a primeira mulher que conhece e ouve, vê e sente o calor humano.

Eu tenho uma tia que passou essa visão para mim e muitos primos, tínhamos a "obrigação" de trata-lá como uma princesa e ela ia aos poucos ensinando como as mulheres gostam de ser tratadas e como deveríamos tratar as nossas namoradas/mulheres.

"Tens quantas namoradas?"

Um filho que respeita a mãe respeita a namorada, não falo sobre obedecer, mas sim aprender a valorizar, acarinhar e cuidar no real sentido da palavra. É necessário que "as mulheres" ensinem aos filhos que eles não são mais homens por terem duas ou mais mulheres, e que ter muitas mulheres alimenta apenas o ego de homens carentes de espírito ou que ainda não estão preparados para uma coisa séria como a vida.

É na infância que "os pensamentos" começam com os "tens quantas namoradas?"

"O que as meninas devem aprender"

Valorização, ninguém melhor do que uma mulher para ensinar o valor de uma mulher, mulheres fortes na sua maioria tiveram mães fortes que ensinaram com exemplos e com palavras que a força delas está nelas mesmas.

"O peso das palavras dos pais"

Os filhos são um caso muito delicado, temos a responsabilidade de ensiná-los e corrigi-los, muitos pais não percebem que as palavras deles têm mais poder do que as palavras de qualquer pessoa, eles podem até tolerar o comportamento abusivo de colegas de escola, mas jamais suportarão palavras destrutivas da própria da mãe ou do pai.

Os pais são os primeiros heróis dos filhos, tudo que os filhos fazem é com a intenção de agradar e orgulhar os pais, e quando eles ouvem frases que magoam e que eles nunca esperaram ouvir, eles podem viver com o peso das palavras dos pais na memória.

Um exemplo (baseado em factos reais)

Eu por exemplo já ouvi coisas que não desejo a ninguém, já ouvi:

- "Tu não serves mesmo para nada"
- "Tu não tens nenhum talento"

E muitas frases que eu procurei esquecer e fingir que nunca ouvi, para estar em paz comigo mesmo.

Hoje em dia os pais parecem ter medo dos próprios filhos, raramente conversam com os filhos e quando o fazem é simplesmente para corrigir ou ralhar o que faz com que os filhos deixem de "gostar" cada vez mais dos pais porque olham para os pais como "policias" ou alguma outra autoridade e não como amigos e guias.

"A rebeldia dos filhos"

Diferente do que muita gente pensa, os filhos não nascem rebeldes, eles aprendem. As crianças chegam como uma pen drive ou um disco virgem, sem nenhum conteúdo dentro, e a medida que vão crescendo eles aprendem tudo o que podem e por serem crianças muitas vezes não conseguem distinguir o certo do errado, porque elas não sabem!

As crianças não conseguem determinar os seus limites, permitir que os seus filhos tenham tudo o que querem é abrir a porta para a rebeldia. As atitudes rebeldes hoje em dia estão em todo lado, na escola, nos programas de televisão, nas redes sociais e principalmente em casa, muitas pessoas esquecem-se de que as crianças copiam tudo e quando digo tudo é tudo mesmo! Na cabeça de uma criança tudo o que os mais velhos fazem é o que deve ser feito, elas copiam a maneira de andar, falar e tratar as pessoas, quantos são os pais que gritam e gritam sem parar com os filhos e com outras pessoas? O que acham que os filhos vão fazer? Copiar, é claro!

A verdadeira disciplina/educação não faz os filhos crescerem revoltados, pelo contrário faz com que muitos filhos depois de se tornarem adultos, agradeçam aos pais pela educação e paciência que tiveram. Uma verdadeira educação não se refere a bater, e sim a corrigir sempre que necessário, os filhos não podem viver num quartel, onde é só "sim" ou "não" como se fosse uma pergunta da prova, muitos pais pensam que proibir é a solução o que eu concordo parcialmente, mas a proibição sem "explicação" gera curiosidade, curiosidade essa que pode ser revelada por outras e não pelos pais o que é perigoso. Muitos pais proíbem os filhos de beber e de fumar, sem explicar o motivo da proibição, o que acontece? Os filhos saem de casa e na primeira oportunidade que tiverem de "provar" ou "experimentar" eles experimentam. O que é diferente de ter a oportunidade de experimentar e saber que não vale a pena, pois sabe quais são as consequências e mesmo que queira experimentar, saberá que é errado.

Um conselho, elogiem os filhos com a mesma determinação que criticam. O erro de muitas mães é criticar e criticar e criticar até não poderem mais. E têm mais tempo para elogiar sobrinhos, vizinhos e qualquer outra pessoa que não seja o seu filho.

"A mulher que não quer ter filhos"

A sociedade condena mulheres que escolhem não ter filhos, mas tolera homens que, mesmo tendo filhos, escolhem não ser pais.

Nos dias de hoje as pessoas principalmente as mulheres, são meio que forçadas ou coagidas a ter um filho, frases como "quando é que vem o teu?" "Não queres ter filhos, depois vais acabar sozinha" o que faz com que muitas mulheres não aguentem a pressão das pessoas e dos comentários e arranjem "qualquer parceiro para ter um filho e depois vivem arrependidas, porque fizeram o que era melhor para os outros e não para elas.

Uma mulher que vive em África por exemplo, se ela não tiver um filho com 25 anos ou 39 é um problema grande, a mulher vive numa luta constante entre ceder aos comentários ou continuar com a sua vida e carreira a solo.

"Não te deixes para depois"

Existem muitas mulheres que depois de casarem e de terem filhos, esquecem completamente que elas existem, vivem para os maridos, para casas e já nem têm tempo para pintar uma única unha nem pentear o cabelo. Não cometas o erro de te perderes, só porque encontraste alguém.

"Tudo começa em casa"

Nota: Ensinem aos filhos que a dor do outro não é brincadeira, fazer alguém triste não é engraçado. O bullying e o desrespeito começam em casa e depois as crianças reproduzem em outros ambientes, ninguém melhor que uma mãe para ensinar uma criança a respeitar e lidar com os outros.

"O Dilema da mulher perfeita do "corpo perfeito"

Um dos maiores problemas dos ultimos tempos, muitas mulheres procuram ser perfeitas em quase tudo, desde a unha ao ultimo fio de cabelo, mas será que esse desejo de "perfeição" é delas ou é simplesmente uma tentativa de superar todas as opinioes e expectativas que as outras pessoas(sociedade) colocaram nelas?

Hoje em dia é possivel alterar toda e qualquer parte do corpo, para tornar "perfeito" o que não "está bom", podemos mudar os lábios, remover ou adicionar gordura, o que para muita gente é normal, mas para mim continua a ser estranho, pois a busca pela perfeição não acaba.

Capítulo 6

"A beleza não está nos filtros do Instagram"

Todas as pessoas têm medos, falhas e coisas que ninguém sabe. Não deixes que a internet e as redes sociais te façam pensar que existem pessoas perfeitas. Na internet nós só mostramos o que achamos necessário e "bom de ser visto e comentado" ninguém publica problemas e defeitos, a maioria das pessoas cuida dos problemas no OFF (sozinhas), os desfiles de moda não mostram peças de roupas furadas e que não sejam boas para "consumo".

Parece que a autoestima de muitas mulheres hoje em dia é sustentada por elogios que recebem nas redes sociais, hoje em dia os sorrisos desapareceram e só aparecem outras curvas, mas o que a maioria das mulheres não se lembra é que pode não impressionar todo mundo, mas a melhor curva de uma mulher é o seu sorriso, e depois perguntam porque os homens só querem sexo e depois de "concluir o objetivo" vão embora.

"O que é ser uma mulher gostosa?"

Para mim, uma mulher é gostosa quando a presença dela é gostosa, existem mulheres que só têm corpo e cara, mas é quase impossível ficar perto delas, uma mulher é gostosa quando sabe o que quer e o que faz, quando é dona de si, ou seja, quando percebe que uma rainha não precisa de um rei nem de um reino para ser ela.

A minha avó sempre disse que é mais sensual uma mulher vestida do que uma mulher despida, a beleza começa quando a mulher está vestida e não despida. Eu penso que **a sensualidade é o intervalo entra a luva e o começo da manga**, uma frase que vi e ouvi num filme e ficou carimbada na minha cabeça até hoje.

A verdade é que molduras boas não salvam quadros podres ou maus.

"Mulher não pode só ser bonita"

A verdade é que a beleza preenche apenas o temporário, porque até a própria beleza é temporária. Nem todas conseguem permanecer "bonitas para sempre", não por falta de cuidados, mas porque a vida é assim. Crescemos e envelhecemos e as transformações acontecem, rugas e mais rugas e aí a "beleza" acaba, e agora?

Capítulo 7

"O que eu acho que toda mulher deve saber/lembrar"
"A parte mais feia da tua história será a parte mais poderosa do teu testemunho

Momentos menos bons amadurecem as pessoas, aprendemos com os erros o que não podemos aprender com as vitorias e com os acertos.

Tu tens que exigir mais de ti mesma do que de qualquer outra pessoa. Só tu sabes onde podes e aonde vais chegar, não deixes que os pesos das opiniões dos outros te atrasem, continua fiel ao teu caminho e ao teu "Sexto Sentido"

"O que tu vês no teu futuro nos próximos 10 anos?"

Quais são as tuas metas pessoais? Quais são os sonhos que pretendes realizar? O que pretendes mudar?

São perguntas comuns, mas poucas mulheres têm planos a longo prazo, fora estudar/trabalhar, casar e ter filhos.

Uma mulher não é apenas uma Esposa ou uma mãe, também tem sonhos e desejos próprios, muitas mulheres vivem para os maridos, filhos e para a sociedade, e esquecem de viver para elas e fazer o que elas querem, é necessário sonhar, mas mais do que sonhar é preciso realizar.

O céu não é o teu limite, o teu limite é a tua mente, que se deixa enganar e acredita no medo e coloca limites pequenos numa pessoa com ideias grandes e poderosas.

"Nunca voltes para o que te fez chorar"

Mulheres, vocês têm que parar de chegar ao limite, de esgotarem todas as vossas forças para dar vida a um amor ou relacionamento que já morreu na realidade, mas vive na vossa memória. Sejam fortes como vocês são, mas usem essa força para alcançarem os vossos objetivos e metas, e não para correr atrás de alguém que nem vos valoriza, pois no limite pode ser muito tarde, tenham a coragem para ir embora sempre que o vosso parceiro não vos faça ficar.

"Sobre os poderes das mulheres"

A parte que todo mundo esperava no livro, mas vamos ser sinceros todo mundo já conseguiu sentir um pouquinho do poder das mulheres, e quando falo sobre força ou poder, não falo sobre "aguentar o sofrimento", mas sim do seu brilho interior que é capaz de iluminar todo o exterior. Hoje em dia as mulheres estão cada vez mais lindas, mas ao mesmo tempo estão cada vez mais inseguras o que é estranho, mas hoje em dia é comum.

As mulheres têm o poder de inspirar os homens e eu sou muito grato a isso. Um exemplo é que se não fossem pelos gritos e berros constantes da minha mãe eu não teria motivo nenhum para estudar e perceber o comportamento feminino e nem estaria a escrever este livro.

Então por que tão poucas mulheres fazem de facto a diferença ou causam um grande impacto no mundo?

A responsabilidade recai sempre sobre aquelas que realmente dão o seu máximo para fazer a diferença, seja no seu bairro, na sua casa, no seu país? As mulheres que realmente fazem acontecer triplicam o seu esforço pois trabalham para si, para a sua causa e para inspirar as outras mulheres, o que parece não ser muito suficiente.

Um dos grandes problemas criado pela sociedade, pois em muitos lugares e em muitas cabeças ainda é estranho encontrar mulheres de topo, bem posicionadas ou até mesmo mulheres realizadas sem se ouvir um "Deve ser do marido" ou ainda "Dormiu com alguém para conseguir", o que acaba por moldar a cabeça de muitas mulheres e acaba por limitar o seu poder enquanto mulher. São mulheres que trabalham apenas pelo salário no final do mês, e no trabalho só fazem tudo o que é ordenado, mães que vivem em função dos filhos, esposas que a sua única "preocupação é estarem casadas"e por aí ficam, não que seja mau nem bom, mas será que é prazeroso? Chegar nos 60/70 anos insatisfeitos/a por não termos sido quem queríamos ser e nem conseguimos ter coragem para fazer o que queriamos?

O poder de uma mulher surge e vive dentro dela, só ela mesma pode despertar e a maioria das mulheres sabe, mas ofusca o seu próprio poder para satisfazer às vontades da sociedade ou das outras pessoas.

Uma mulher que faz a diferença não precisa de um "guia" de alguém que fale alguma coisa, porque ela sabe o que tem que fazer, ela tem os seus sonhos e objetivos para cumprir, pois ela quer fazer mais e dar mais. "Como dizem quando a mulher se cansa já não há nada para fazer", kkk o mesmo acontece com uma mulher que quer descobrir o melhor de si e aproveitar o melhor de si, cuidando dela como ela cuida dos outros e sendo uma inspiração para todos e todas.

É triste saber que nos dias de hoje muitas mulheres só descobrem o poder que têm, depois de um homem a ter feito sofrer.

"E como descobrir ou "libertar" esse poder?"

Seja uma nova pessoa, o que não quer dizer que estejas mal, mas muda e aceita a mudança. Para de mentir, guardar rancor ou ódio pelas pessoas, para de cultivar maus pensamentos, para de fingir ser alguma coisa ou fingir ter algum sentimento por alguém, não critiques nem julgues os outros, canaliza toda a tua energia para realizar o que tu queres realizar e aproveitar o que queres aproveitar.

Sem formulas mágicas nem contos de filme, a melhor maneira de uma mulher descobrir o seu poder é **"Não depender de nenhum homem"** nem de qualquer outra pessoa a não ser ela mesma.

É importante que as mulheres percebam que encontrar um homem não resolverá os "seus" problemas, só agindo sem a asa de um homem é que uma mulher saberá o seu valor enquanto mulher, não digo que seja errado a mulher compartilhar com o marido e por aí fora, mas não é necessário para o seu próprio desenvolvimento enquanto "mulher".

Só realizando as suas próprias vontades e seguindo os seus próprios instintos, ela saberá o poder que tem e o impacto que ela tem no mundo, na família e na vizinhança ou bairro.

Criando as suas próprias regras e modo de viver e aproveitar a vida, sem "mulher deve" ou "uma mulher não faz isso".

Uma mulher que não precisa da permissão ou autorização de ninguém para fazer o que quer fazer é uma mulher poderosa, milhões de mulheres não descobrem o seu poder por nunca terem utilizado o seu poder, e têm medo do impacto que poderão causar se utilizarem o seu poder, mas não é por escolha delas claro, é porque o seu subconsciente está programado para receber ordens e executar e fazer o diferente que é "pensar por si" pode ser muito complicado e em alguns casos impossível.

"Cuidar do corpo e da saúde é transformador". E quando falo de saúde não falo apenas de exercício físico, de longas caminhadas ou de "construir um corpo" para impressionar as outras pessoas, falo de cuidar da saúde mental, de passar mais tempo com ela mesma, com a natureza e começar a perceber o seu corpo melhor do que ninguém.

"Cuidado com a síndrome da mulher maravilha"

Quando a mulher pensa que pode fazer tudo ao mesmo tempo e acertar na perfeição, como já disse a perfeição é uma ilusão, é importante perceber que o teu 100% de ontem pode não ser o mesmo 100% de hoje e esta tudo bem. Apesar de desempenharem muito bem "várias funções ao mesmo tempo" nem sempre as coisas vão ser perfeitas, ou iguais ao que foram ontem.

É importante lembrar que apesar da tua força e determinação tu não és uma máquina nem um robô programado para acertar todas as tarefas em todos os horários.

"Descobre o teu dom e vive para melhorar o teu dom". São poucas as pessoas que sabem os seus dons e qualidades, muitas vivem dependendo de opiniões alheias, "tu és muito carinhosa", "tu cozinhas muito bem", "tu cantas muito bem" "tu devias vender bolos" e só depois de receberem incentivos de outras pessoas é que começam a lapidar os seus dons e a construir a escada para os seus sonhos.

"A síndrome da mulher salvadora": Muitas mulheres devido ao seu forte instinto para cuidar ou tratar das outras pessoas, acaba por entrar num Loop (circuito/sequência) sentem uma necessidade de ajudar tudo e todos o que não é mau nem bom, mas o equilíbrio é muito importante. Na tentativa de ser uma super heroína e salvar todo mundo, quem salva a super heroína?

É importante perceber que tal como nós, os outros devem lidar com os seus problemas e que nós devemos apenas ajudar com o necessário, pois cada um tem o seu processo e nem tudo é responsabilidade nossa. Muitas vezes começa na infância, mulheres que sempre tiveram a responsabilidade de cuidar dos Irmãos, ou da casa, ou até mesmo de outras pessoas (primos, sobrinhos etc.), e acabam por criar e internalizar a responsabilidade de cuidar e de controlar tudo e sentem que tudo está nas mãos delas e que se elas não fizerem, ninguém fará.

Um outro exemplo é de meninas que tiveram que curar grandes dores sozinhas, sem ajuda e só com a força delas mesmas, e hoje (mulheres) a sua criança interna ainda não está curada e a única maneira de acalmar esse "desejo de cura" é curando as feridas das outras pessoas, de modo a trazer algum conforto para aquela "criança interior".

Ajudar e apoiar as outras pessoas é muito bom, mas o melhor ainda é o **equilíbrio**, não deixes que na tentativa de salvar o mundo dos outros acabes por perder **"o teu mundo"**.

"Como seria o mundo se as mulheres soubessem o poder que têm?"

Sobre o amor próprio:

O amor próprio é o caminho para tudo, para a paz, para a prosperidade e pode ser considerada a chave para a porta da felicidade.

Não adianta ser com os outros o que não somos connosco, dar o mundo para os outros e oferecer apenas uma pequena cidade por nós mesmos.

É muito fácil esquecer de todas as coisas que conquistámos até agora, pois estamos sempre com os olhos virados para o proximo desafio, uma pessoa que não é grata pelo que é e pelo que tem, terá dificuldades em ver as bençãos que lhe rodeiam, a gratidão ajuda a valorizar e a dar valor.

Amor próprio também é saber dizer não sempre que neccessário, e saber que tu podes dizer não e continuar a ser uma boa pessoa.

Cortar ou eliminar pessoas e hábitos que nos fazem mal também é um ato de amor próprio e pode abrir a porta para a paz interior que tanto procuras.

Sobre a vida:

A vida muda muito quando tu paras de resolver problemas com palavras e começas a tomar as atitudes necessárias para mudar a vida, as palavras muitas vezes quando mal interpretadas geram bate boca e conflitos, mas as atitudes mudam vidas, só com as atitudes é que a realidade se transforma.

"As palavras são muito bonitas, mas as palavras não constroem castelos".

É importante que tu cuides de ti como nunca cuidaram e que ames o teu ser, os teus defeitos e imperfeições como nunca amaram, porque apesar dos defeitos tu és especial.

Vai chegar uma altura que ninguém fará por ti, se tu não fizeres por ti. É importante dizer também que a vida não é tão complicada como pensamos, e dependendo das escolhas e decisoes que tomamos ela pode ficar mais fácil, Mas tu deves estar a pensar que eu só falo isso porque não estou no teu lugar. Entendo o pensamento e o ponto de vista, mas eu não sei qual é o teu lugar neste momento, se for mau eu já passei por ele e se for bom, também. Mas pensa comigo quais são as escolhas que tu fizeste para chegares onde estás? E se tivesses feito diferente, o lugar seria diferente?

Tudo na vida depende das nossas escolhas, até mesmo aquelas pequenas coisinhas do dia-a-dia são capazes de mudar a nossa vida em 10 segundos ou 1 minuto. Todos podemos escolher entre ficar com raiva e odio das pessoas ou não, se continuamos com probelmas financeiros ou se vamos atrás de melhorias, de ser + responsavel ou não, e até mesmo de dizer um simples "bom dia" ou não, para uma pessoa que pode ter aquela oferta de trabalho que tu tanto procuras.

Se fizermos as escolhas certas, chegaremos aonde queremos, pode não ser nem hoje nem amanhã, mas um dia.

As oportunidades aparecem na nossa mente em forma de ideias e de pensamentos, mas muitas vezes nós não conseguimos escolher as ideias e muitas delas acabam por serem esquecidas, mas se tivessem sido colocadas em prática fariam uma diferença muito grande na nossa vida e talvez seriam a chave para o cadeado da nossa vida.

A saudade não traz ninguém de volta, por isso, valoriza as pessoas sempre que tiveres uma oportunidade, nunca se sabe quando será o ultimo abraço, o ultimo beijinho ou a ultima conversa.

"A linha que separa a minha vida da vida dos outros"

Existem muitas coisas que tu podes até querer mudar e melhorar, mas estão fora do teu controle como:

- As palavras das outras pessoas;
- As ações das outras pessoas;
- Os sentimentos das outras pessoas;
- As decisões das outras pessoas;
- Os erros das outras pessoas;

Podes até tentar e tentar várias vezes, mas é impossível mudar algumas coisas que só as próprias pessoas podem mudar, uma pessoa pode até ouvir os teus conselhos e ajudas, mas só ela pode decidir mudar. O mesmo acontece contigo só tu podes mudar a tua vida em quase todos os sentidos possíveis, se quiseres mais dinheiro, tu consegues! +amor? Tu consegues! +Alegria e felicidade? Tu consegues! Parece clichê, mas tu és incrível!

Para de ficar triste ou de chorar por coisas que na realidade nem têm metade do teu tamanho e do teu poder enquanto mulher, todos os dias tens a oportunidade de ser feliz outra vez e de aproveitar a vida de uma maneira diferente.

Mas existem aquelas coisas que tu podes controlar como:

- As tuas palavras;
- Os teus erros;

- Os teus sentimentos;
- Os teus esforços;
- As tuas ações;
- As tuas decisões

Só tu podes mudar a tua realidade, as outras pessoas até podem ajudar, mas só tu podes mudar a tua realidade.

É importante também saber que o errado é errado mesmo que todas as pessoas façam, e o certo é certo mesmo que seja "certo" apenas para ti, confia em ti e segue os teus instintos, não sigas a multidão pois muitos não sabem para onde vão.

Tratar bem as pessoas é melhor do que postar versículos da bíblia diariamente, que na verdade tu nem praticas, só para agradar outras pessoas.

Uma dica rápida, não tentem ser iguais aos homens, são géneros diferentes por uma razão, essa diferença é que vos torna especiais e "poderosas".

"Existem dois projetos para a tua vida, o projeto que tu tens para ti e o projeto que os outros têm para ti"

Tu vives o teu projeto ou o projeto que os outros têm para ti?

A vida é tua por um motivo, tu é que mandas, tu é que decides se vais pela direita ou pela esquerda. És livre e quem não aceitar a tua liberdade deve cuidar da sua própria vida, não tenhas medo de decepcionar outras pessoas para satisfazer os teus desejos e vontades, são teus!

Existem muitas pessoas que não sabem o que é bom para elas, mas acham que sabem o que é bom para os outros, uma verdade é que quem não vive a vida como quer por medo de não agradar os outros acaba por criar o seu próprio sofrimento e depois acaba por culpar as outras pessoas, quando no fundo a decisão de agradar os outros e desiludir a tua alma e as tuas vontades foi tua.

Não adianta deixar milhões de pessoas felizes se tu não estás feliz, o importante na vida é que as tuas escolhas sejam elas boas ou más te agradem e alimentem o teu ser, porque só assim é possível viver a vida da melhor maneira.

"Fofocas e comentários desnecessários"

A tua consciência limpa vale mais do que qualquer fofoca sobre ti, o que as pessoas dizem ou pensam sobre ti, não podem definir quem és ou o que fazes.

Não te preocupes com as coisas que falam de ti, sejam elas boas ou más, foca-te com a verdade que existe na tua pessoa

O maior problema da maioria das pessoas, sejam elas homens ou mulheres, meninas ou meninos, é que ouvem conversas pela metade, percebem apenas um pedaço da conversa e contam o dobro do que ouviram, como dizem **"quem conta um conto aumenta um ponto"**

"A pessoa certa"

Nós olhos certos, tu serás a pessoa certa.

Sentir a paixão e dizer que ama é fácil, ter sexo é mais fácil ainda, hoje em dia o sexo pode ser pago a qualquer preço ou com qualquer coisa, mas encontrar uma pessoa certa que alimenta a alma e afasta os problemas é a parte mais difícil.

A pessoa certa para ti será a pessoa certa para ti, não vais precisar de mendigar por atenção, não vais precisar de competir com outras pessoas, não vais precisar de dormir ou ter sexo com essa pessoa para "manter o vosso amor", só precisas de ter paciência e de te desenvolver como mulher e como pessoa, para que estejas pronta para unir a tua preparação e boa disposição com a preparação da outra pessoa e com a sua boa disposição e carinho.

Tu precisas de encontrar alguém que seja feliz contigo e não que seja a razão da tua felicidade, porque assim se essa pessoa for embora ela leva a tua felicidade com ela, cria uma certa dependência e depender de seja lá o que for é muito complicado.

Quando algo ou alguém é "teu" é mesmo teu. O mundo ou as outras pessoas podem até conspirar, mas o que é teu é teu, o mesmo acontece quando a pessoa não é para ti, quando não te faz bem ou não traz felicidade não é para ti, e não há problema nenhum, deixa ir e vive

Sê paciente a pessoa certa vai fazer o esforço de oferecer-te o mundo sem que tu peças um país ou uma cidade.

O amor da tua vida é aquele que tu não vais conseguir comparar com nenhum outro amor passado.

"A vida não tem replay"
Temam menos a morte e mais a vida insignificante

Acordamos todos os dias e fazemos milhares de planos sem saber se estaremos aqui (vivos) amanhã nem no final do dia. É necessário aproveitar o presente, pois tal como o nome diz é um presente, deve ser agradavel e bom. Não deixes que a tua mente ou qualquer outra mente te deixe triste, maldisposta ou insegura, **VIVE!**

"A necessidade de comprar coisas para impressionar pessoas"

Não é errado comprar tudo e mais alguma coisa, os "problemas" começam quando compramos para agradar outras pessoas e não para agradar a nossa alma, é tudo para mostrar aos outros o que vai roendo as pessoas por dentro, de que adianta ter 1 milhão de sapatos e não gostar de nenhum? De que adianta comprar um carro para impressionar as pessoas, mas eu não acho o carro confortável?

Sobre a tua energia e tempo:

"A tua energia é tudo o que tens"

A energia é o nosso bem mais precioso, é como se fosse o nosso combustível, não podes continuar a investir tanto de ti com pessoas que não valorizam o teu tempo e a tua energia. Temos a falsa ilusão de que somos eternos e que depois da morte "vamos para o paraíso", mas será que é verdade?

A vida é uma troca, seja de energias, experiências ou até mesmo de tempo. Tens de saber trocar o melhor de ti com o melhor dos outros e nunca o contrário, não aceites, porque só tu podes aceitar, que os outros só te ofereçam o pior deles, enquanto que tu continuas por aí a perder o teu tempo com pessoas que não valorizam nem o teu tempo e nem a tua energia. Troca amor com amor e nunca troques amor com um amor que hoje ama e amanhã não sabe se ama. Só na reciprocidade do amor é possível aumentar a tua felicidade e da pessoa que tu escolheste amar, só assim os dois terão energia suficiente para depois partilharem com os outros.

A verdade é que uma pessoa que leva tudo para o lado pessoal vive ofendida a maior parte da vida, é importante perceber que as pessoas não fazem o que fazem "para ti", as pessoas fazem o que fazem e tu decides se elas te afetam ou não, no fundo tudo depende de uma decisão tua, eu posso ofender, posso gritar, mas se tu não permitires que a minha energia penetre no teu ser eu ficarei frustrado por não conseguir realizar o meu desejo de irritar ou de passar más energias para ti.

Sobre as desculpas, o medo e a insegurança:

Todas as coisas boas a que temos acesso nos dias de hoje são o resultado de trabalho de pessoas que decidiram que um dia fariam a diferença no mundo, mesmo que soubessem que não seriam capazes de realizar todas essas transformações sozinhas, elas também tinham motivos para dizerem que não, a pessoa que inventou a internet poderia ter desistido nos 2 ou 3 primeiros erros, e agora como é que seria? Ela não deu desculpas para não fazer A ou B, ela fez algo que ninguém esperava e que na maior parte das vezes ninguém acreditava, e acabaram por criar invenções que mudaram a vida de milhões de pessoas, e se tivessem desistido por terem medo?

Sobre os homens:

"O homem ideal"

Uma verdade é que homens pobres financeiramente, com objetivos ricos e metas bem estruturadas não namoram com mulheres que têm o corpo como único contributo para a relação. O mundo é muito capitalista, e o sexo hoje em dia é vendido a qualquer preço, homens querem suporte e companhia, a mulher é o ingrediente chave para a base do sucesso ou "perfeição" de um homem.

A verdade é que nós procuramos pessoas que nos completem, quando na verdade precisamos é de alguém que acrescente e cresça connosco.

E quem é então uma pessoa ideal? A pessoa ideal é aquela que vai de acordo aos teus gostos, padroes e limites, mas o que acontece é que muitas mulheres na tentativa de encontrar um homem perfeito, não aceitam nada menos do que elas já definiram, o que faz com que elas sejam muito duras com quem se relacionam e como se relacionam. São muito atentas aos erros, pois procuram a perfeição o que no fundo acaba por afugentar ou "eliminar" uma pessoa que se calhar era a pessoa ideal para ti, mas precisava de mais tempo e paciência. Não está errada e eu percebo, mas e ele, será que ele percebe?

É importante saber que antes de dar certo vai dar errado muitas vezes, pois a vida é assim, nem tudo é como nós queremos e desejamos, pois se assim fosse não teria graça nem diversão nenhuma, imagina acordar num mundo em que tudo dá certo a todo momento?

"As atrações físicas são comuns, mas as conexões mentais são muito raras"

Sem mentir, sendo homem posso dizer que o que mais nos atraí numa mulher é o corpo e a sua beleza exterior, mas o corpo e a beleza podem até atrair o grande problema é que o que nos faz ficar e continuar com a conversa é o que a mulher pensa, como ela é e o brilho interior que ela carrega.

Se quiserem ter relações com homens, entendam que nem todos que passarem pela tua vida vão casar contigo, muitas mulheres sofrem por confundir as coisas, uma mulher que sabe diferenciar o tipo de homem com que se relaciona sofre menos, existem acontecimentos casuais e na maioria das vezes é uma coisa "normal" para os homens, mas para a mulher "pode ser o momento/pessoa da vida dela, o que acaba por ser um episódio horrível que magoa muitas mulheres para o resto da vida.

"A comunicação entre vocês e nós"

Se tu quiseres comunicar-te com qualquer pessoa, seja homem ou mulher, tu é que tens de te adaptar as formas de comunicação dessa mesma pessoa, e não o contrário, o que acontece é que o vosso silêncio dificulta muito a relação, poucas são as mulheres que conheci e que tomavam a iniciativa, falavam abertamente sobre o que sentiam no momento. Porque assim fica muito complicado resolver as turbulências nos relacionamentos, eu não posso mudar o que eu não sei, se eu não souber o que fiz eu não posso mudar nada. Tomem a liberdade de expor as vossas dores ou aflições para os vossos parceiros, acreditem é muito bom sentir que a nossa namorada/mulher quer o nosso bem e o nosso desenvolvimento enquanto "casal".

"A mentira masculina"

O que a maioria das mulheres não percebe é que muitas vezes os homens mentem porque se fossem verdadeiros não conseguiriam ficar com vocês, muitas mulheres gostam do que é ilusório, querem que o homem seja aquilo que elas querem de maneira a acarinhar o ego delas, querem ouvir histórias bonitas e a verdade nem sempre é tão bonita quanto a mentira.

Algumas mulheres acreditam tanto nas mentiras criadas por mestres da ilusão que pensam que ganharam na lotaria porque encontraram o homem da sua vida, mas afinal quem ganhou foi a mulher que se livrou dele.

"A linha entre os limites e o interesse"

Mulheres, vocês não são interesseiras por rejeitarem um homem preguiçoso, vocês estão apenas a evitar um casamento desastroso e uma vida arruinada, muitas pessoas não percebem, mas as pessoas que nos rodeiam têm um forte impacto nas nossas decisões e ações. Existem pessoas que acendem a nossa chama e deixam a nossa "flor" interna crescer e florir, mas existem outras pessoas que matam a nossa flor interna apagam a nossa chama num piscar de olhos.

Na verdade eu penso que as mulheres "não querem" um homem rico ou "bonito" mas sim um homem convicto, que sabe o que quer e que sabe como cuidar dela e do futuro dela.

"As exigências "

Muitas mulheres oferecem o mínimo e querem o máximo, muitas utilizam o corpo como moeda de troca para viagens, luxos e todo o tipo de dinheiro possível em qualquer moeda de qualquer país, mas não oferecem "quase nada", verdade seja dita é que muitas princesas querem ser princesas, mas não conseguem ser "princesas".

Mas é importante que cada mulher estabeleça os seus limites no que toca a relacionamentos e até mesmo na vida. Uma mulher que sabe o que quer e o que "merece" não aceita qualquer coisa, nem "qualquer pessoa", para muitos homens tu podes "exigir muito", mas para outros, "É tudo o que tu precisas?"

deu para ver a diferença?

"Não preciso do teu dinheiro"

Uma verdade que poucas pessoas falam é que quando o dinheiro não impressiona uma mulher, muitos homens ficam sem chão, sem saber o que fazer e como agir. Muitos homens utilizam a tática do dinheiro para conquistar mulheres que gostam e se deixam impressionar.

O que acontece é que muitas mulheres querem homens com estabilidade financeira, e na verdade a maioria dos homens querem mulheres com estabilidade emocional, é muito bom saber que ainda existem mulheres que pensam diferente, que sabem o valor do seu corpo e do seu ser, e não aceitam ser "compradas" por notas de mil ou de dois mil.

A verdade é que não existem mulheres que não gostam de dinheiro, mas existem mulheres que nenhum homem consegue enganar ou intimidar com dinheiro, pode ter milhões e milhões, e mesmo assim não será suficiente, porque essa mulher "NÃO QUER DINHEIRO" ela quer PRESENÇA, APOIO, COMPANHEIRISMO E ATENÇÃO.

"A vida feliz"

Uma vida feliz, não vem de umas férias, de um trabalho novo, de um novo relacionamento, começa pela decisão de ser feliz e essa decisão começa quando a mulher decide que ela quer aproveitar a sua vida e quer dar um sentido para a sua vida, quando ela percebe que apesar dos momentos tristes, a vida é tão bela quanto o sorriso de uma mulher e doce como aquela comidinha da avó, tudo depende dos pensamentos e das decisões.

"As dores e dificuldades do teu namorado"

Muitas mulheres "perdem" os namorados por esquecerem que tal como elas "namoradas", os homens também têm dores e também passam por muita coisa, portanto se amas o teu namorado, tens que compreender que nem todos os dias serão flores, e que a maioria dos homens têm dificuldade em expressar as suas dores e medos, pensam que estão a ser vulneráveis e fracos enquanto homens.

E falando como homem, é muito bom sentir o apoio da nossa namorada nos momentos em que ninguém consegue ajudar, menos ela, saber que ela sente as nossas dores e vive os nossos medos, é um sentimento único e inexplicável.

"Homens certos só têm relacionamentos certos com mulheres definidas"

A verdade é que "todo homem" presta com a mulher que ele quer e vê que vale a pena, muitas mulheres criticam os homens, dizem que eles ficaram com elas e depois foram embora, que eles não prestam, o que em parte acontece, mas uma boa parte dos homens quer uma mulher segura, uma "companheira", existem homens que tal como tu, estão à procura da metade certa da laranja, então tu enquanto mulher "deves" estar preparada antes de querer encontrar um homem "preparado".

A diferença entre um homem que te quer levar a sério e um homem que só precisa de ti para aquecer a sua cama e as suas noites frias é a seguinte:

- Um homem que só quer estar contigo pelo sexo, raramente falará de um "futuro contigo", e sempre que tu tentares falar sobre futuro ele vai fingir que está a ouvir, mas a sua cara revelará outra coisa, enquanto que um homem que te quer levar a serio será o primeiro a falar de "futuro", de construir um lar contigo, porque uma verdade é que um homem que quer estar contigo vai estar contigo em quase todos os momentos, enquanto que o homem que só quer o teu corpo só aparece de sexta à domingo ou todos os dias depois das 18 horas.

- Um homem que só quer o teu corpo vai fazer milhares de promessas e vai cumprir algumas, simplesmente para iludir a tua mente e alimentar uma parte do teu ego para conseguir o que quer, terá sempre muitas dúvidas, vai fazer um monte de jogos para que tu fiques sempre à espera dele, vai fazer com que tu fiques com duvidas, será que ele quer ou só quer brincar comigo?
- Mas um homem que quer te levar para a vida terá certeza de qualquer passo, mesmo que esteja cheio de medo do próximo passo.

"Mulheres grandes demais com desejos gigantes não servem pra ser amantes"

Muitas mulheres imploram e quase que se ajoelham para pedir que um homem a trate bem e valorize, enquanto existem por aí outros homens que estão fartos de joguinhos e de brincadeiras.

Um homem que tem uma namorada ou mulher, pode até te amar e fazer de ti sua amante, mas será que ele te ama mesmo?

Como é possível uma pessoa que tem namorada ou mulher, dizer que te ama vezes e vezes sem conta, mas vai dormir com a mulher todos os dias, cancela planos contigo se a mulher ligar ou precisar dele. **FOGE** mulher, arranja um homem que te valorize, tens tanta beleza dentro e fora de ti, existem pessoas que olham para ti todos os dias e só querem uma oportunidade para te fazer feliz e para cuidarem verdadeiramente de ti.

" A regra dos 90 dias"

Nenhuma mulher deveria correr atrás de um homem, não digo que é errado, mas vocês não percebem que vocês é que controlam a "bolacha", quem controla a bolacha, controla e dita as regras do jogo.

A regra dos 90 dias, ajuda a determinar se uma relação é a certa para ti, uma das maiores reclamações das mulheres, é que os homens ficam com elas apenas por sexo, mas antes do sexo parece que querem casar e ter milhões de planos com elas, mas no fundo só querem sexo, eu penso que a regra dos 90 dias é uma boa ajuda e pode até ser uma solução para um grande problema.

Um dos objetivos desta regra é ajudar-te a sentir mais controle do teu corpo e das tuas decisões. Isto cria-te para construir uma parceria forte, porque terás mais autoridade desde o início.

Ganhar poder na relação: Embora seja saudável dizer não ao sexo quando não estás pronta, reter o sexo como forma de controlar o teu parceiro pode preparar o palco para uma relação pouco saudável. Usar a regra de 30/60/90 dias para namorar para decretar limites pessoais e ganhar uma sensação de poder pessoal de uma forma saudável pode ser benéfico no caminho.

Sinta-se mais confortável quando faz sexo: Fazer sexo antes de estar pronta pode criar uma base instável para qualquer relacionamento. Cumprir esta regra dá-lhe tempo para avaliar se quer fazer sexo com o seu parceiro e se sentir confortável uma vez que o faça - se decidir que é isso que quer!

Seguir esta regra pode ajudar a esclarecer a visão do seu parceiro sobre si e as relações em geral. Se o teu parceiro está disposto a esperar para fazer sexo, diz algo sobre o carácter dele, (falo por experiência própria enquanto homem) e como te tratarão numa relação a longo prazo.

A ideia por detrás da regra dos 90 dias é poder falar sobre os "red flags" "bandeiras vermelhas", que muitas pessoas apresentam e que o outro lado vê, mas ignora ou na maior parte dos casos não consegue ver porque o amor fala mais alto.

Isto significa que não se pode ficar na defensiva quando se ouve algo de que não gostamos e eles não podem ficar na defensiva quando ouvem algo que não gostam. A chave é ser "Calma e Respeitosa".

Se ambos não conseguem lidar com a abertura de falhas de forma carinhosa, então a relação não vai crescer. Então, estabeleçam uma data 30 dias depois de vocês os dois acreditarem que esta relação vai tornar-se exclusiva.

Nos primeiros 30 dias, tenham um bom jantar. Falem sobre vários assuntos se essa conversa correr bem, estabeleçam outra data de 30 dias. Este é o teu encontro de 60 dias. Mais uma vez falar sobre as questões antigas; melhorou; fizeram-se melhorar.

Falem sobre novos problemas que possam ter surgido. Calma e respeitosamente. Se a conversa correr bem, estabeleçam outra data para 30 dias. Este será o teu encontro de 90 dias. Durante esta data, tu podes falar sobre as questões anteriores, e até dos teus projetos futuros e depois decidir se tu queres que a relação avance ou não.

Se ambos estão de acordo, então alcançaram uma base sólida de comunicação que vos fará passar a maior parte do que o mundo vos atira. Se não, então sabe com todo o seu coração que tentou e não foi um bom encaixe.

Estas datas são para ajudar a estabelecer boas habilidades de comunicação que são fundamentais para ter uma relação saudável.

Sobre a Ansiedade e a depressão:

Hoje em dia, em 10 pessoas 11 têm ansiedade ou depressão, a ansiedade e a depressão agem de maneira silenciosa e as pessoas que sofrem com ansiedade ou depressão, muitas vezes não conseguem analisar e perceber o quão grave a ansiedade e a depressão são de verdade.

A ansiedade nada mais é do que o excesso pensamentos "futuros" e a "depressão" é o excesso de pensamentos " passados", com um pouquinho de presente também.

"Como controlar a ansiedade"

A ansiedade pode ser controlada de várias maneiras, a melhor e mais eficaz é fazer uma psicoterapia, nada melhor do que um/a profissional para ajudar-te, em Angola as pessoas acham que é uma "futilidade" ou até mesmo uma coisa desnecessária, mas na verdade uma pessoa que estudou e lida com pessoas com problemas semelhantes aos teus pode ser uma grande ajuda ou até mesmo a melhor ajuda possível.

Distrai-te, faz exercício, descobre coisas sobre ti que não sabias, medita e descobre o que tu queres para a tua vida, mas o mais importante é a mudança de mentalidade, o segredo está nos pensamentos positivos e na auseência de comparações. Porque as comparações hoje em dia, são uma das maiores causadoras da ansiedade, deveria ter feito mais para ser como a outra pessoa, deveria ter comido menos para ser mais magra que a outra pessoa, e as comparações não acabam.

Tenta ocupar o teu tempo ao máximo com coisas produtivas, como a leitura, a meditação ou yoga e até mesmo a estabelecer laços com pessoas novas.

Tenta não ficar muito tempo sem fazer nada, ter uma rotina ajuda bastante, porque permite ter menos tempo para pensar nos problemas que na maior parte das vezes não existem.

Lembra-te a unica pessoa que mudar quem tu és e o que sentes, és tu!

E parece estranho, mas eu acredito muito em ti, pode parecer estranho, mas eu acredito e sei que tu tens o que é possível para vencer os teus medos e desafios.

Sobre a depressão:

A depressão foi uma grande companheira numa boa parte significativa da minha vida, vivi com depressão dos 12 aos 18 anos, semore vivi com a minha mãe e com os meus dois irmaaos mais velhos, e infelizmente o meu irmao "favorito" kkk, foi assassinado e eu fiquei sem perceber o momento e vivi com muitas duvidas, duvidas essas que na verdade eram pensamentos que eu não eliminava e até certo ponto comecaram a comandar os meus dias e as minhas noites, Nunca fui de me cortar, mas já conheci muita gente que já se cortou, graças ao universo e a minha cabeca eu nunca pensei em tal coisa, em parte porque também tinha medo de morrer e de "cortar-me" de vez, kkk.

A depressão vem devagar, começa com uns pensamentos, depois coleciona alguns dias maus, e quando dermos conta já construiu um condominio dentro de nós, hábitos negativos que começam a virar rotina e começam a destrui aos bocados o nosso interior e todo mundo que faz parte do nosso exterior.

Espero que estes conselhos ajudem e façam diferença, força!

1- "tira um tempo para ti"

Existem pessoas que estão tao preocupadas em trabalhar e estudar que esquecem de viver. Não se conhecem, não sabem os seus gostos e nem porque fazem o que fazem, é muito importante que tu tires um tempo para conversar com o teu interior e descobrir o que tu és, tu não és os elogios nem as ofensas que as outras pessoas dizem, só tu sabes quem tu és.

Eu comecei a sentir-me melhor quando comecei a meditar e a ter conversas sozinho, sem musica sem pessoas, apenas eu e os meus pensamentos, é dificil eu sei, mas é muito fácil se tu quiseres, parece muito "Coach motivacional" mas a verdade é que a experiência é muito vantajosa, não existe melhor benção ou skill do que conhecer quem tu és, quais são os teus gostos, hábitos e até maneiras de estar e falar com as outras pessoas, tu és luz, não deixes que os teus pensamentos ou outras pessoas façam com que tu te sintas mal ou "menos pessoa".

2- " Muda o que deve mudar"

O mundo muda quando tu decides mudar, quando tu decides limpar as lagrimas e acordar, até o que parecia impossivel de acontecer acontece.

O que ontem causava dor, hoje tornou-se numa lição para a vida. Se tu decidires ser luz, tu serás luz, eu sei que parece clichê e parece bué (muito) uma cena "motivacional", mas se experimentares, saberás que é verdade, acredita!

3- "A vida não é facil"

Muitas pessoas caem no erro de pensar que a vida adulta tem a mesma facilidade e leveza que a infância, o importante não deve ser, ter uma vida dura ou fácil, o importante é viver uma vida com mais significado possivel, realizando sonhos e objetivos.

"4- A autenticidade é a chave"

A maior parte das pessoas não faz o que faz, porque quer fazer, fazem para agradar alguém, uma mãe, um pai ou até mesmo um grupo de amigas ou de amigos.

Para de tentar agradar pessoas "que não importam". Para de tentar colocar os outros em cima e tu por baixo, porque em alguns casos quando ensinamos aos outros que eles estão em primeiro, elas ensinam que nós estamos em segundo.

"A carência e a dependeência emocional"

Sobre a dependência emocional:

A dependencia emocional age como um câncer, pois mata por dentro, como dizem : "Depender é complicado"

Muitas mulheres são "perfeitas" não mentem, não enganam, não traem, são 100% fieis aos parceiros, são verdadeiras joias andantes, mas não conseguem perceber o seu valor, porque para atingirem o seu "poder", elas terão que eliminar pessoas e remover as ditas correntes emocionais.

"Correntes emocionais"

A verdade é que precisamos de nos despedir daquilo que não nos deixa seguir em frente, o passado é passado por um motivo e existem pessoas que devem ficar lá, por mais "boas" que elas tenham sido.

"A fantasia das novelas e séries "" O mundo encantado"

Toda menina sonha em ser mulher, sonha casar com o homem dos seus sonhos, sonha com o casamento perfeito como nos filmes, séries e desenhos animados. O que acontece é que muitas mulheres crescem e vivem num mundo de fantasia em que nesse mundo tudo acontece perfeitamente e "os problemas não existem". O grande problema é que numa certa altura os problemas chegam e as ilusoes acabam e acontece o choque da realidade.

"O Principe encantado/homem perfeito"

Por mais discursos do "homem perfeito" que usem, muitas mulheres acabam por ser enganadas pelo truque do homem perfeito, é muito utilizado por homens que conhecem o tipo de mulher que estão a lidar e fazem tudo o que a mulher quer e depois de conseguirem o que querem, vão embora.

Na busca pelo homem perfeito, caem nas mentiras de muitos homens e vivem com dores profundas para sempre, e num futuro próximo podem até conhecer um "homem perfeito", mas já estarão muito traumatizadas e desconfiadas e mesmo que conheçam um "homem perfeito" ele será afugentado e colocado na mesma categoria que os outros homens que não prestavam.

A perfeição não existe, somos todos imperfeitos à procura de melhorias e de novas experiências, não se deixem enganar, a melhor forma para não serem enganadas, é cuidando das vossas emoções e principalmente da vossa carência e desejos.

"A mulher Sozinha"

Capítulo 8

"Se você continuar assim ninguém vai gostar de você e vai morrer sozinha."

A mulher não precisa de ninguém para ser mulher, a verdade é que a sociedade não está pronta para mulheres bem resolvidas, mulheres que seguem as suas vidas sem depender de um marido ou de um namorado, eu penso que os homens dependem mais das mulheres do que o contrário, já viram como é que um homem fica com dor de cabeça? Parece que o mundo vai acabar e que ele vai morrer nos próximos minutos, kkk.

A verdade é que tu não precisas de conhecer o homem dos teus sonhos para te sentires a mulher da tua vida, se tu decidires que tu és suficiente, tu serás suficiente.

É muito comum, principalmente em Angola as mulheres independentes ouvirem coisas como:

- Se ela tem esse carro, é do marido ou de um "senhor" que pagou;
- Se conseguiu um bom emprego: "Dormiu com alguém"
- Se não tem marido ou namorado "não presta ou não tem valor"

Eu acho que uma mulher solteira pode andar com quantos homens quiser, ela é solteira e não deve nada a ninguém,

Namorar é bom, ser solteiro ou solteira também, a vida não é uma competição de quem está mais feliz ou de quem tem um relacionamento, porque mesmo as pessoas que estão em um relacionamento, quem garante que elas estão felizes?

É importante encontrar a felicidade em qualquer fase da vida, seja solteira, casada as bolinhas ou até aos quadrados, a escolha é tua, escolhe com calma e sem ligar a opiniões alheias, no fim do dia a opinião mais importante é a tua.

Uma mulher independente intimida um homem emocionalmente dependente"

Muitos homens cresceram com a ideia de que são superiores ás mulheres, e quando encontram uma mulher que na cabeça deles é "superior" sentem-se diminuídos e menos homens, por isso é que muitos homens preferem que as esposas não trabalhem para que dependam sempre deles, de modo a criar uma hierarquia e uma extrema "dependência".

A verdade é que nem todas as mulheres querem um casamento e filhos, muitas desejam apenas orgasmos e até preferem animais domésticos.

"A mulher alfa"

É determinada, muito segura e independente, não precisa de um homem para se sustentar, mas também não aceita (na maior parte das vezes) um homem que não se sustente a si.

Existem aquelas pessoas que são boas, mas existem aquelas pessoas que são inesqueciveis, elas não são iguais a outras pessoas, elas fizeram o diferente e o diferente tornou-lhes inesqueciveis.

Elas fizeram a diferença o mesmo acontece com a mulher alfa, ela sabe que não é facil ser única a fazer coisas que a maioria não faz e se tivessem a oportunidade não teriam coragem de fazer.

Elas enfrentam tudo e mais alguma coisa, desde critícas a falsas acusações e têm muitas vezes a "imagem manchada" pelas outras pessoas, por não fazerem o mesmo que as outras mulheres, mas elas não se importam. Elas seguem o seu caminho e a sua vida, pois elas têm um objetivo maior que supera a opinião das pessoas, pois alimenta o seu próprio espirito.

Isso acontece porque sempre que alguém faz algo fora do comum, automaticamente se destaca e isso acende uma luz no meio da multidão, o que incomoda muita gente, mas é importante salientar que a mulher alfa não é arrogante, ela sabe lidar com as outras pessoas sem precisar de conflitos ou qualquer tipo de agressão seja verbal ou física.

Saber ser "sozinha é muito necessário, "solitude" é diferente de "solidão"

Ficar sozinha por um tempo pode ser viciante, perigoso e prazeroso, depois que uma pessoa conhece a paz da solitude, ela já nao quer lidar com nada que não seja "paz ou amor".

Não há nada mais prazeroso do que aprender a gostar da nossa própria companhia, é uma maravilha. A voz que fala no nosso interior torna-se mais positiva e amigavel, e tudo começa a caminhar para a melhor direção.

"Os comentários e os problemas"

Assim que a mulher alfa começa a traçar o seu caminho, os comentários e os "problemas" (disfarçados de oportunidade) aparecem, pois a atitude da mulher alfa incomoda quem nunca tomou nenhuma atitude e sempre viveu de ordens e conselhos, o que incoscientemente cria um pouco de inveja, mas que lá no fundo é só admiração e vontade de fazer a mesma coisa.

"O drama de querer ser forte o tempo todo"

E normal estares triste por uma coisa que tu pensanste que já havia passado e eu percebo que a maioria das mulheres foram criadas para dar conta de tudo e para resolver tudo, mas é importante saber que o teu 100% de ontem, não será o mesmo 100% de hoje e está tudo bem, a vida é mais agradavel com os seus altos e baixos, pois se fosse uma reta de alegria e + alegria não seria tão prazerosa. Pois nós "precisamos" dos momentos difíceis para valorizarmos os bons e fáceis.

Um ultimo conselho, sê uma mulher interessante, não falo só de elegância, cultiva em ti uma mulher pessoa, lembra-te que a Beleza só interessa nos primeiros minutos e a Beleza e o corpo bonito "podem" não durar para sempre.

Sugestões de livros e bibliografias que já li e espero que ajudem em alguma parte da tua vida, **ler é fixe!**

- "**O milagre da manhã**" de **Hal Elrod**
- "**+ Esperto que o diabo**" de
- "**O ego é o inimigo**" de **Ryan Holiday**
- "**Becoming**" de **Michelle Obama**
- "**A arte da guerra**" de **Sun Tzu**
- "**A boa sorte**" de **Fernando Trias de Bes**
- "**O monge e o executivo**" de **James C. Hunter**

10- Agradecimentos

Gostaria de agradecer a mim por acreditar nos meus pensamentos e viagens, gostaria de agradecer a minha mãe (**Euridice Paula Colsoul Sebastião**), a minha avó (**Maria Carolina Colsoul**) e a minha primeira professora (**Lídia de Carvalho**) por todos os gritos e por todo o conhecimento "feminino", foram os primeiros exemplos do verdadeiro poder que as mulheres têm, gostaria de agradecer aos Hanormais (**Danilo Castro** e **Kendaz Neto**) pelas experiências e por todo o aprendizado e por terem ajudado a lapidar este diamante que está hoje nas tuas mãos.

Gostaria de agradecer em especial as duas pessoas mais importantes para a formação do homem que sou hoje, o Meu irmão **Jorge Valério** e o meu querido Tio-primo **Nilton Adriano**, por todos os ensinamento e por terem sido os guias que eu precisava para pensar como penso e para fazer o que faço, o meu muito obrigado!

Gostaria de agradecer ao Kota **Morato Custódio** por toda a experiência e pelos puxões de orelhas que foram muito necessários.

Sem esquecer e de modo muito especial gostaria de agradecer a todos os meus amigos e amigas por todo apoio, puxões de orelhas e ralhetes quando necessário e por sempre acreditarem em mim, nomeadamente: Adilson Byda, Alirio Alexandre, Daniel Adriano, Nuno Rafael, Joseph Adriano,

Moniz Miala, Giovany Miala, Rui César, Carlos César, Rildo Carreta, Raul Coimbra, Júnior Salomão Gomes, Samir Carreta, Randall Merino, Josemar Adriano, Vivaldo Gaston, Hamiel Daniel, Heliel Daniel, Ednilson Alves, Walter Oliveira, Edmar Manuel.

E as minhas queridas amigas e irmãs Daniela Chibás, Francisca Teixeira, Edma Colsoul, Catigia Adriano, Aline Baptista, Claúdia Adriano, Miquelma Capapinha, Rosa Antas, Sintia Chibás e a Yumiiko.

Sem esquecer das minhas queridas tias, Ema Colsoul, Marilia Colsoul, Elisete Adriano, Yolanda Santos um beijo muito grande!

E quero agradecer a ti por teres acreditado em mim e teres viajado comigo nesta grande experiência que foi este livro, do fundo do meu coração

"MUITO OBRIGADO"

Made in the USA
Columbia, SC
24 February 2025

53560324R10050